REFLECTION
for leadership

グローバルリーダーが実践する

「自分の可能性」を広げる
リフレクションの技術

西原大貴
Hiroki Nishihara

日本実業出版社

はじめに

この本を見つけていただいてありがとうございます。

あなたは自分自身をよりよく知る機会を探し求め、自分の中にある可能性を探しているからこそ、この本を手に取られたのかと思います。

この本では、「自分の可能性」を広げる本質的で建設的な脳と心の使い方である「リフレクション」の技術をお伝えします。

科学的理論に裏づけられた「リフレクション」を実践すれば、あなたの視界が変わります。視界が変われば、思考が変わります。思考が変われば、圧倒的な行動を選択できます。そして、圧倒的な行動が、仲間や組織を通じた大きな結果につながります。

あなたは自分のことを知っていますか？

「汝自身を知れ」

古代ギリシアで建設されたアポロン神殿の入り口に刻まれた格言です。古代ギリシアだけでなく、あらゆる時代に世界中で問われてきました。

あなたは自分のことを知っていますか？　次の質問に対する答えをお持ちでしょうか。

・あなたは何のために生まれて、何をして生きていますか？
・あなたが心から望む自分らしさとは？
・あなたの未来にはどんな可能性がありますか？

自分自身を問う、とてもシンプルで本質的な質問です。

しかし、残念ながら明確な答えを持つ人は多くありません。目の前のやるべきこと、他人にやらされていることに精一杯で、多くの人がこの問いに真剣に向き合う時間を作れていません。

つまり、多くの人が自分が心から望む目的地を知らない、もしくは目的地を知ろうともしていないということです。

そんな私たちは、いったいどこに向かってるのでしょうか？

自分自身を見失い、迷っているとも言えないでしょうか？

今を生きる

あなたの周りには、自分の可能性に挑戦し、自分の大きな目的地に向けて道を切り拓く、そんな活力にあふれる魅力的な人たちがいると思います。

・０から１を作る
・１を１００にする
・大きな夢に向かい、想像を超える結果を出し続けている
・失敗や困難など思い通りにならない状況に悩むことはあっても、常に迷いがなく未来に前向き
・多くの失敗や困難に直面しても自分をあきらめることがない
・いいも悪いも自分自身を受け入れている
・自分自身の立ち位置を客観的に捉えているが、想像を超えるでっかい夢を持っている
・自分の切り拓く道に共感する仲間に囲まれている
・与えられた環境に言いわけも満足もせず、自分の可能性に挑戦している
・他人の評価に惑わされず、自分の軸で判断している

・手段や道具に囚われずに物ごとの本質を見ている
・過去に縛られず未来を大切にしている
・自分が社会に提供する価値に確固たる基準を持っている

この人たちは視座を高く明確な目的を持って、今を生きています。自分を知り、自分の可能性を知っています。そして、冒頭にあったシンプルで本質的な質問に対する答えを持っています。

あなたもそんな生き方に憧れませんか？

「脳と心」の仕組みを研究する認知科学は、脳はごく限られたものしか認知していない、見ていないと教えてくれます。詳しくは本編でご紹介しますが、脳は見たいものしか見ていません。つまり、あらゆる可能性が手に届くところにあるにもかかわらず、脳はごく限られた視界しか選択していないのです。

これは自分自身についても同様です。誰もがごく限られた自分しか知りません。多くの人が目の前のことに手一杯で、自分自身に意識を向ける時間や機会をほとんど取れていないのです。

そして、見る時間さえ作れば自分にはある、自分の可能性すら見ないことにしています。

リフレクションとは「反射」の意味を持ちます。光を反射させて見ることのできる状態にする、光を届けるという意味もあります。

あらゆる存在は光が届くから見ることができます。暗くて見失っているだけの自分自身も、光が届くから見ることができるのです。自分自身を映す心の鏡を持ち、心の鏡に映る自分を見て自分自身を深く知る、光を届けて自分の可能性を広げるのがリフレクションの技術です。

そして、脳の仕組みを知る認知科学と、脳をよりよく使う最先端のコーチング理論に裏づけられた、科学的で本質的な取り組みです。

リフレクションは、「振り返り」「内省」とも訳され、過去や失敗を省みる点が強調されがちです。しかし、過去や失敗を省みることは、極めて限られた一部でしかありません。批判的な過去や失敗の振り返りに囚われると、本質的な自分を見失ってしまいます。

リフレクションとは自分自身の未来や現在、そして過去をすべてありのままに客観的に映し、知ることです。古代ギリシアの格言「汝自身を知れ」を実現する道具であり、仏教用語の「内観」がより適切な日本語訳かと思います。

鏡がなければ、見ることには限界があります。自分の顔も背中も見ることができません。また歪んだ鏡であれば、歪んだ自分自身しか映らず、曇った鏡であれば曇った自分自身しか見ることができません。澄んだ鏡に映った姿を見られるから、私たちは自分の表情や姿など自分をありのままに知ることができるのです。

落ちこぼれ社員のキセキ

私は現在、自分の可能性を知り挑戦するリーダーや組織を応援するリーダーシップ・コミュニティ「Global Challengerのすすめ」を主宰しています。脳と心の仕組みを研究する認知科学と、脳と心のよりよい使い方を学ぶコーチング理論を基にした独自のリーダーシップ・プログラムを提供し、リーダーや組織が本来のパフォーマンスを発揮することをお手伝いしています。

２０２０年にプログラムの提供を開始するまでは、老舗グローバルＩＴ企業であるＩＢＭに日米通算23年間勤めました（日本法人で13年、ＩＢＭの米国本社に転籍して10年）。長年夢であったアメリカへの永住を実現したグローバルビジネスパーソンでした。

恵まれた環境で生まれ育ったことに感謝しています。しかし、当然ながらすべてが順風満帆ではありませんでした。

近所の友人と離れ無理やりに通わされた私立小学校。無理強いされた中学受験の失敗。大きなカルチャーショックを受けた公立中学校で目立たずやり過ごした日々。大した思いもなく第一志望をあきらめた高校入試。目標を見失った自堕落な高校生活。エスカレーターで辛うじて入学した私立大学。ゼミの単位を落として卒論も書かずに留年の危機。腰かけ気分で始めた就職活動はギリギリの綱わたり。

運だけで入社できた日本ＩＢＭでは、事業撤退寸前の製造管理部門に配属。社内異動の希望を叶えた営業部では、最初の新人研修で落第寸前。新人営業として独り立ちしても、営業部長から勤務態度に対しての業務改善命令を受けるなどの落ちこぼれ。おまけに大学時代から長年つき合っていた彼女にも見捨てられ、自分を探し、迷い、社会人になってから路上で弾き語っていた過去を持っています。


自分自身を見失っていた私には、自分自身への強烈な焦燥感と危機感がありました。

そんな落ちこぼれ社員を救い、私がグローバルキャリアを築く基礎となったのが、世界的に活躍する多くのリーダーから学んだ「リフレクション」の技術でした。自分自身のあらゆる状況を心の鏡に客観的に映し見て、自分の可能性を知ることの大切さを、尊敬する多くのリーダーから教わったのです。

そのおかげで、過去ではなく未来と今に意識を向けて、前向きに「今を生きる力」を得ることができました。手段を目的化して囚われることなく、自分にとって大切な未来と今に意識を向け続けることができたのです。そして、リフレクションを習慣化できたことで、当時は想像もできなかった圧倒的な結果にもつながりました。

日本法人時代の13年間で3回の社長賞受賞。日本法人の幹部候補として米国本社へ出向し、シニアエグゼクティブの補佐を務める。シニアエグゼクティブとのコネを作り、過去に例のない第一線の営業として米国本社へ転籍。転籍後は北米大手法人の営業本部長としてアメリカ人のみで構成された数十名のチームを率い、全世界10万人の中で上位1％のグローバル表彰を受賞。愛する妻と2人の素晴らしい子どもに恵まれ、日本では考えられないほどの昇給やワークライフバランスなど、圧倒的な生活の質の向上を実現することができたのです。

リフレクションの本質

リフレクションの本質とは、見失っている自分の可能性を知ることです。それは、心から望む自分の目的地と、ありのままの今の現在地、その道のりに自分の可能性があり、支えとなる仲間がいるということを、心の鏡に照らし映すことです。

心から望む目的地を知ると迷いがなくなります。目的地に向けた今の現在地を受け入れると、着実な次の一歩を知ることができます。自分の可能性の支えとなる仲間を知ると、どれだけ困難でもあきらめず挑戦できます。だから、現状を超える圧倒的な行動と結果につながっていくのです。

世界のリーダーから学んだリフレクションの日々の実践が、落ちこぼれの私を救い、はるか遠くに夢見ていたグローバルキャリアの実現を支えてくれました。

本編では、私が主宰するリーダーシップ・プログラムで伝え、また私自身が実践してきた科学的理論に裏づけられたリフレクションの技術と効果、実践的な技術やワークと問い、そしてそれぞれの世界に挑戦する仲間の実践事例をお伝えします。

科学的理論と実績に裏づけされたリフレクションは、今まであなたが見失っていた新たな視界を提供します。そして、今までにない視界にある可能性への気づきが、圧倒的な行動と結果につながります。

今までも結果を出してきた方々にとっては、理論を知らなくても、実は多くを実践してきたのだと納得していただけるかと思います。そんな方々にとって理論の裏づけを知ることは、さらに高い視座を獲得する力となります。そして、自分自身の実践の結果を科学的な理論として理解し、自分の実績を根拠として論理的に大事な仲間に伝えることができます。

科学的理論と実績に裏づけされたリフレクションが、あなたが見失っている自分の可能性を知る大きな一歩となることを心から願っています。

本書の構成

本書では、まず序章で、元ＩＢＭ本社シニアエグゼクティブのトッド・カートリーさんが実践されていた「リフレクションの技術」について紹介します。トッドさんはグローバルで要職を歴任されたＩＢＭの世界的なリーダーです。私にとっては、担当するお客様への活動をきっかけに、補佐としての米国駐在の機会や、米国本社転籍のスポンサーとして、私のグローバルキャリアの飛躍を支えていただいた恩師です。

トッドさんから学んだ、「Taking Time to Plan Your Own Success」（自分自身の成功を計画する時間を持つ）は、リフレクションの本質的な実践事例として素晴らしい内容です。日本では知る機会が限られる、世界的なリーダーが実践している取り組みを共有します。

第1章では、なぜリフレクションがあなたの現状を超える結果につながるのか、脳と心の仕組みを研究する認知科学と、脳と心のよりよい使い方を学ぶコーチング理論の観点から解説します。

その上で、リフレクションの実践に向けた大切な3つの視点〝心から望む your heart〟、今を生きる your moment〟、自分と仲間の可能性をつなぐ your connections〟を紹介します。

第2章は、心から望む〝your heart〟を詳しく深掘りします。「何のために生まれて、何をして生きるのか？」という問いに、それぞれの答えを見つける手がかりがあります。

「あんなこといいな、できたらいいな」と多面的な視点を持ち、一切の制約なく、現状を超えた心から望む「自分らしさ」を知ることの意義を科学的に解説します。あなたが見失っている自分の可能性を知り、現状を超える目的地に意識を向ける、とても大事な視点となります。

第3章は、今を生きる〝your moments〟に意識を向けます。現状の「自分らしさ」をありのままに知り受け入れるから、目的地への着実な一歩を踏み出すことができます。日本人の多くが陥りやすい、度を超えて自分を追い込んでしまう自虐過剰への対応や、正しく謙虚に身のほどをあるがままに受け入れることで、今まで見ないことにしていた可能性に気づく脳の仕組みを解説します。

第4章は、自分と仲間の可能性をつなぐ〝your connections〟を解説します。心から望む目的地へ現在地からつながる道のりに、自分と仲間の可能性をつなぐ視点です。どのような関係性のおかげで今の自分が存在し、誰のために、そして誰とともに目的地に向かうのかを知ると、実現につながる根源的な力が生まれます。

第5章では、私が主宰するリーダーシップ・プログラム「Global Challengerのすすめ」に参加する仲間の実践事例、自分の可能性とそれぞれの世界に挑戦する仲間の取り組みを共有します。

心から望む自分の可能性を知り、毎日を輝いて生きている仲間の実践事例です。命に向き合って生きる人、アスリート、落語家、経営者や組織リーダーなど多様なバックグラウンドを持った仲間を紹介します。そして、私自身の可能性への挑戦の軌跡と不都合な真実についても共有します。

「さいごに」では、「みんなが笑顔で世界に挑戦し応援し合う社会へ」という私のビジョンを共有し、これからの私の挑戦とビジョンに共感してくれる仲間へのメッセージを伝えます。

「リフレクション」とは、自分の可能性を知ることのできる、科学的な理論と圧倒的な実績に基づく再現性のある方法論です。自分の可能性を知れば、そこに当然のように挑戦して、あなたは自分の可能性をいかんなく発揮できます。

リフレクションの実践を通じて、あなただけでなく、あなたの大事な仲間にも気づきが広がっていきます。「みんなが笑顔で自分の可能性に挑戦し応援し合う社会」に、私は強い思いを馳せています。

この本との出会いが、自分自身に意識を向けるよい機会となり、自分の中にある自分の可能性を知り、挑戦する機会となることを心から願っています。

２０２３年３月　西原大貴

世界のリーダーから学んだ未来志向のリフレクション　目次

序章　世界のリーダーが実践するリフレクション

第1章

脳の仕組みとリフレクション

第2章 心から望む——your heart

第3章 今を生きる――your moment

第4章 自分と仲間の可能性をつなぐ——your connections

第5章 自分の可能性に挑戦する仲間

序 章

世界のリーダーが実践するリフレクション

Taking time to plan your own success.
—— *Todd Kirtley*

自分自身の成功を計画する時間を持つ
—— トッド・カートリー

▶ 心の鏡に自分自身を映すリフレクション

・あなたの成功とは何ですか？
・あなたの成功に向けた日々の計画と実行の取り組みとは？
・成功に向けて今日は何をしますか？

恩師との出会い

私が「リフレクション」について学び、多くの可能性を手にすることができた理由は、元IBMの世界的なリーダーであるトッド・カートリーさんとの出会いを抜きには語れません。

2006年1月、私はお客様である京都にある世界的電気部品メーカーとの、今後10年にわたるグローバルな関係再構築を目的とした会議の末席に参加していました。私の役割は担当営業として根性英語での通訳と雑用係。それが、トッド・カートリーさんとの初めての出会いでした。

トッドさんはIBM米国本社のトップ・エグゼクティブで、IBMの10%以上を占める日本事業のてこ入れとグローバル化の推進のために、日本法人の最高執行責任者（COO）として派遣されてきました。

外資系にもかかわらず、日本のお客様との長期的な関係を重視する純日本的な経営を長年守っていた当時の日本IBMにとって、トッドさんは本社から来た黒船、まさにグローバル化という開国を迫るペリーのような存在でした。

米国本社から日本法人に駐在するエグゼクティブは、あくまでも本国でのキャリアを築くための1つの踏み台としており、自己中心的に短期的な結果だけを求める傾向がありました。そのような背景もあり、日本法人の多くの社員は強い警戒心を持ってトッドさんを迎えたのです。

しかし、そんな心配は杞憂でした。トッドさんは日本IBMの文化や歴史を理解し、日本のお客様との長期的な関係、そして社員の自律を尊重する姿勢で日々の仕事に取り組まれました。そして、誰よりも高い視座で、日本のお客様や社員が納得する長期的・短期的な判断を下されました。

その姿勢は多くのお客様や社員に尊敬、信頼されました。当時のIBMでは将来を期待されるCEO候補の1人でもありました。

私は幸運にもトッドさん直轄の大規模案件の担当になりました。これは私のグローバルキャリアに弾みをつける絶好の機会でした。お客様のグローバル拠点への訪問やグローバルメンバーの巻き込みなどで、トッドさんから絶大な支援をいただくことができたのです。お客様と仲間に恵まれて、日本だけでなく欧州や中国でも契約を締結することもできました。

トッドさんはその後、中国や米国本社でさらに大きな役職に栄転されたのですが、定期的な会議、社内報告などを通じて良好な関係を築くことができました。

やがてトッドさんの補佐として、入社時からの夢だったアメリカ本社駐在につながっていきました。当時、私はまだ30代半ばの担当課長。トッドさんの補佐としてのシカゴ駐在は、東京にある日本法人の本社勤務も経験のない社員にとって、そして日本法人からいただいていたＮＹ本社駐在の話も断っての、極めて例外的で異例なアサインメントでした。

シカゴ駐在中の1年間は、ＩＢＭを代表する世界的なリーダーであるトッドさんの仕事の流儀を、補佐というよりも、インターン生のような感覚で間近で体感する貴重な機会となりました。

「それぞれのIBM社員には十分な力や可能性がある。私の仕事は社員を管理することではなく、社員が持つ力や可能性を社員が自律的に思う存分発揮できる環境を作ること。そして、無駄な管理ばかりしたがる上層部から社員を守り、上層部を教育することだ」

日曜日のテニスの帰り、何気ない会話からの視座の高い言葉に感銘を受けました。もし、多くの社員の期待通りにトッドさんがＩＢＭのＣＥＯに就任されていたら、その後のＩＢＭの低迷はなかっただろうと私は確信しています。

自分自身の成功を計画する時間を持つ——*Taking Time to Plan Your Own Success*

心に強く残るトッドさんからの学びがあります。日々の目の前のことに流されるのではなく、「自分自身の成功を計画する時間を持つこと／Taking Time to Plan Your Own Success」です。これは文字通り、自分自身の可能性と成功を心の鏡に映すリフレクションと言えます。

日々の仕事に忙殺される毎日にあって、目の前にあることに流されるのではなく、自分の未来は自分で決める。そして、決めた未来に向けて、日々心を鍛え、変化を起こし、自分を鼓舞し、強くしなやかに実行し、成果を日々向上させるための習慣を持つ。その習慣を規律を持って実践する。

トッドさんが世界で活躍されてきた経験から培った、実績に裏づけされた教えです。自分らしい習慣を自分で作る、規律正しく遂行することの大切さを学びました。

トッドさんご自身が、日々実践されている「リフレクション」は毎朝の計画と準備から始まります。

トッドさんは早起きです。いつも家を出る2時間前の5時に起床して、コーヒーを飲みながら静かに自分に向き合う時間を確保されていました。自分の人生に意識を向けて、その大切な1日に取り組む準備に費やす時間、これはまさに未来を決めて今を生きるための準備です。

年間数兆円を動かすビジネスに責任を持ち、目の前にはやらなくてはいけないことが山積していたことと思います。しかし、一切の言いわけをせずに、覚悟を持って1日を迎える準備をされていました。

「もし今日が人生最後の日なら、自分は何をするだろうか?」と、毎朝、鏡に映る自分に問いかけていたアップル創業者のスティーブ・ジョブズのリフレクションと本質的に同じ取り組みです。

このリフレクションについて、かける時間やタイミングは、それぞれ自分に合うものを見つけるべきだと教わりました。

特にパフォーマンスが高い時間帯には個人差があります。早朝の2時間にこだわる必要はなく、個々人のパフォーマンスが最も高く自分が納得できる時間で取り組むことをおすすめされていました。

すべてが計画通りに進むことはないため、あらゆる状況に柔軟に対応する心構えが大切です。そのためにも毎朝の十分な準備を大切にされていました。本質を見失わずにいかなる状況にも柔軟に対応できる準備が、着実な実行と結果につながるのです。

考えを言語化して書き留めることも大事だと教えてくださいました。自分の考えを明確に言語化するから、頭にイメージが残るのです。トッドさんは長年お気に入りのＩＢＭ方眼ノートに、大学時代から使っているシャープペンシルで、日々の準備をいつも書き留められていました。

日々実践されているリフレクションの一環として、ビジュアライゼーション（イメージトレーニング）にも取り組まれていました。

トッドさんのビジュアライゼーションは、毎晩寝る前の、自分だけの静かな時間に行なわれます。翌日の大切なイベントについて、自分が見る景色、会場にいる観客、観客の感情や期待、会場の雰囲気、自分の気持ち、自分が伝える最初のフレーズ、最後のフレーズ、周りにいる人々や仲間、成功した自分が持つ感情などを心に描かれて予行演習されていました。イベントでの自分の成功をあらかじめ〝想像〟して、未来の記憶を〝創造〟していたのです。

実際のイベントに臨む際に習慣とされていたのが、自分を鼓舞するための自分自身への声がけ「セルフトーク」です。トッドさんが教えてくれたセルフトークが「I Feel Good!」、ジェームズ・ブラウンの往年の名曲でも有名なあのフレーズです。

毎回大事なイベントの前には自分自身に「I Feel Good!」と声をかけて、イベントに向けた準備、特に大事な自分の感情を最終確認されていました。そして、心の中でジェームズ・ブラウンの曲を流して、ステージに上がる最高の感情を準備してイベントに望んでいたのです。

「emotions と feeling（情動を感じること）がとても大切だ」ということも教わりました。自分の感情こそが人の心にリフレクション・投影される。論理的にどれだけ正しくても、感情がないと何も伝わらない、他人を巻き込んだ結果や成果につながらないと教わりました。

私も振り返ると、ＩＢＭの社是である「Think（考える）」にこだわって、論理的に考えることに固執した会社員生活だったように思います。特に弱肉強食のアメリカに移住してからは、資本主義にも毒されてしまい、自己中心的で何事も極度に損得勘定を優先するようになっていました。日本で鍛えられていた他人の感情への意識が薄れていたのです。

「feeling」とは「think」を超える情報を処理するより大きな概念です。感性は論理を超えるのです。「論理／think」で捉えられる以上に、「感性／feeling」を大切にしたいと常々思うようになりました。シンプルな言葉「I Feel Good !」は、あらゆる場面で自分の感性に意識を向けるトリガーになりました。

リフレクションの本質

日々、私たちは目の前のことに手一杯になり、目的意識を見失いがちで、手段を目的化してしまいます。忙殺された現状を言いわけに、今を生きることを忘れているのです。リフレクションという言葉にしても、過去の「振り返り」「内省」に囚われています。本来の目的である「自分の可能性」を知って今を生きるという視点を見失っています。

トッドさんから学んだ「自分自身の成功を計画する時間を持つ／Taking Time to Plan Your Own Success」とは、目的とする成功を心の鏡に映す未来志向のリフレクションです。心の鏡に映る自分の未来を覚悟を持って決めて、今を生きるための日々の習慣でした。

過去の振り返りと内省は準備に必要な1つの手段です。しかし、決して過去に「囚われる」ことではありません。「自分の大切な未来を想像して創造し、今日1日をどのように生きるのかを考え抜く」ということを教わりました。

　そして、ビジュアライゼーションやセルフトークを活用して、日々、着実な実行につなげられていました。多忙な毎日を過ごす世界的なエグゼクティブとして圧倒的な行動をし、結果を出し続けるために、グローバルキャリアを通して日々実践された習慣でした。

　トッドさんのようにストイックに、規律を持って毎朝2時間を確保することは多くの人には難しいかもしれません。しかし、心から望む未来を日々リフレクションする本質は学べるのではないでしょうか。

　目的意識を見失った過去の振り返り・内省に囚われることなく、リフレクションの本質を汲み取っていただければと思います。

序章
まとめ

・圧倒的な行動と結果を出す世界的なリーダーは、未来を決めて今を生きるためにリフレクションに日々取り組んでいる。

・自分自身の成功を計画し準備する、自分なりの日々の習慣を持って、規律正しく実践することが圧倒的な行動と結果につながる。

・目的意識を明確に持ち、自分の可能性を映す心の鏡を持つことがリフレクションの本質。目的を見失って過去の振り返り・内省に囚われてはいけない。

第1章

脳の仕組みとリフレクション

Mind is everything. What you think, you become.
—— *Buddha*

心がすべて。あなたは考えた自分になる
—— ブッダ

▶ 心の鏡に自分自身を映すリフレクション

・脳と心がどのような仕組みで動くのか知っていますか？
・脳と心のよりよい使い方を知っていますか？
・脳と心をよりよく使うあなたには、
　どんな可能性がありますか？

脳と心の仕組みを知る

仕組みを知るから「脳と心」はよりよく使える

あなたは自分の脳の仕組みをどこまで知っているでしょうか？

24時間休まずに働いている脳は、誰の体にも備わった大事な道具の1つです。脳が動く仕組みを知ることができれば、脳の本来の能力・パフォーマンスを活用できます。脳のパフォーマンスは、あなたのすべての判断、行動に密接に関与しています。脳の使い方があなたの人生を決めているのです。

人生を決める大事な道具にもかかわらず、脳の仕組みを知らずに脳を使っているのが多くの人の実情です。脳の仕組みを知るために、つまり、脳の本来の能力を発揮するために、あなたは何をしていますか？

「心と行動を科学する」というテーマで語られている心理学の本を読まれたことがある人もいるかと思います。

長い間、脳はどのように動くのか見えないブラックボックスだったので、心理学では脳に与えるさまざまな「インプット」と、脳からの「アウトプット」である行動を観察しました。脳に与えるインプットと、その結果のアウトプットのサンプルを収集して、統計的な脳の傾向を分析したのです。

この心理学での数多くの発見は、身近な事例では、特にマーケティングの分野での積極的な活用を知ることができます。予想通りに不合理に行動する脳の傾向を、企業がマーケティングに利用しています。消費者である私たちは、安いという理由だけでいらないものを買ったり、適正価格を知らないのに値引きされているだけでお得に感じたり、今ここでしか買えないというだけで購入意欲が湧いたりしますが、これらが不合理に行動する脳の傾向です。心理学の研究による脳の傾向を知っていると、不合理な判断を防ぐ助けにもなります。

▶脳と心の科学

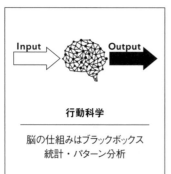

行動科学

脳の仕組みはブラックボックス
統計・パターン分析

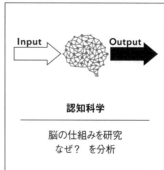

認知科学

脳の仕組みを研究
なぜ？　を分析

そして、心理学ではブラックボックスとしていた脳そのものの動きが、CTスキャンやMRIなど、科学のさらなる進歩により観察できるようになりました。脳の各部位のそれぞれの機能が解明されるようになったのです。脳をブラックボックスにせず、脳の仕組みそのものも対象とする認知科学の研究が進みました。

心理学から認知科学に進歩して、ブラックボックスだった脳そのものの仕組みが解明されつつあります。人生を決める上で知っておきたい脳の仕組みが科学的に解明され始めているのです。

脳の仕組みを理解することで、より主体的にに自分の可能性を見つけることが可能になります。この章では、その仕組みを具体的にとらえるために、「見たいものしか見ない脳」「見たいものは見える脳」「自分らしさを守る脳」、そして「イメージを具現化する脳」について詳しく紹介していきます。

自分の可能性を広げるリフレクション

脳の仕組み

・どのような脳の仕組みを知りたいですか？
・なぜ、知りたいと思ったのでしょうか？
・あなたの脳にはどんな可能性がありますか

見たいものしか見ない脳

脳は無意識に選択している

「人間ならば誰にでも、現実のすべてが見えるわけではない。多くの人は、見たいと欲する現実しか見ていない」（塩野七生著『ローマ人の物語』より）

神聖ローマ帝国時代の皇帝、ユリウス・シーザーの言葉です。自らの思い込みによって、見たいものしか見ない人だらけなのが世の中です。あなたも日頃から実感する機会が多いのではないでしょうか？

実は、この「人は見たいものしか見ない」という現象は、専門的には脳幹にある「ＲＡＳ：

Reticular Activating System（網様体賦活系）」の機能だと解明されています。ＲＡＳには、いいことも悪いことも自分にとって大事だと思っている情報だけを認識させるフィルターのような機能があるのです。

私たちは普通に生きているだけで、莫大な情報に接しています。人間の脳が五感を通じて得られるその莫大な情報をすべて処理・認識するには、想像を絶する莫大なエネルギーが必要になります。

一説によると、すべてを処理するためには脳に原発１基ほどのエネルギーが必要とも言われています。当然ながら、脳にはその処理に必要なエネルギーがありません。また、すべての情報を処理する必要もありません。

そのため、脳にあるＲＡＳは、自分にとって必要な情報、つまり、見たいものだけを無意識に選択しているのです。この脳の仕組みによって、視界に入っているにもかかわらず、そのほとんどの情報を「見ない」ことにしてます。自分にとって大切なもの、見たいものだけを見るよう選択して、限られた脳のエネルギーの消費を効率化しているのです。

これが、「見たいものしか見ない脳」の仕組みです。

▶見たいものしか見ない脳、見たいものは見える脳

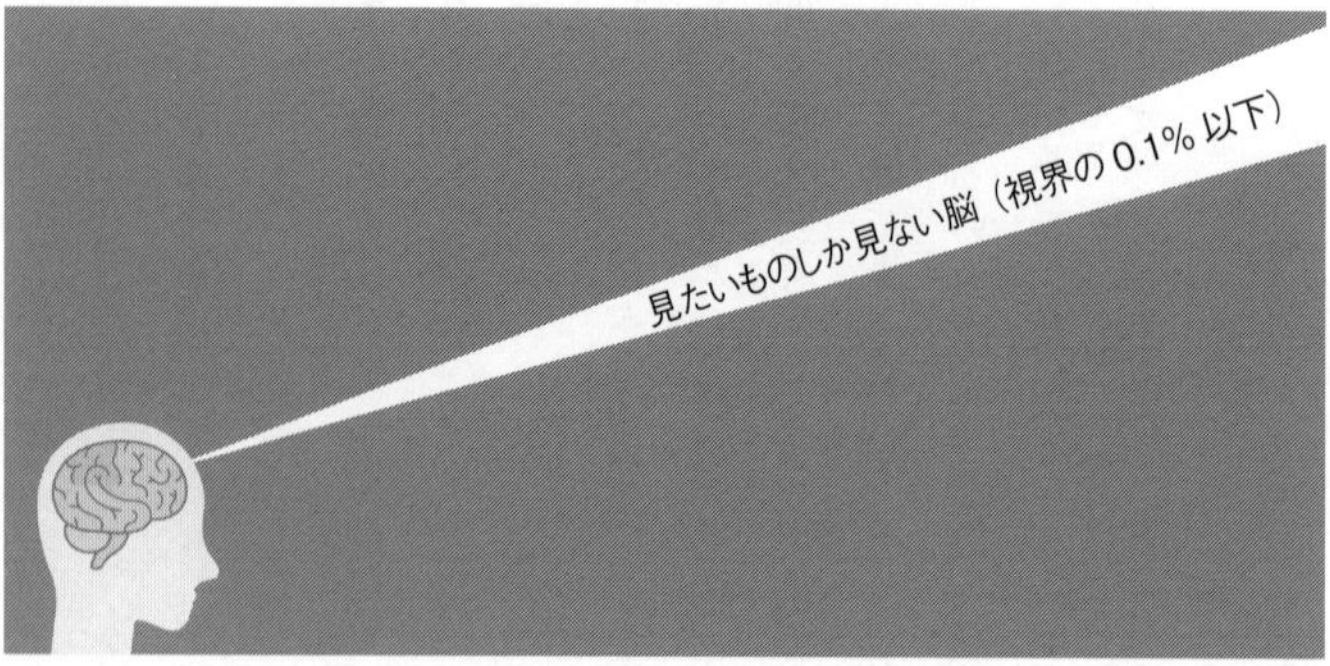

※「見たいものしか見ていない」と理解できても、それが0.1%以下であるとはなかなか実感しがたいと思います。そんな方はぜひYouTubeで「Selective Attention Test 」と検索して、出てくる動画を見てみてください。面白い発見があると思います。

RASが大切だと選択している情報は、視界に入っている情報のわずか0・1%にも満たないと言われています※。つまり、視界にある99・9%以上は見ないことにしているのです。

「見たいものしか見ない脳」を実感する

ここからは、書籍上でもできる実験を紹介します。次の手順を隠せるものを準備して進めてください。

①今いる部屋にある「黒いもの」を注意深く観察してみてください。観察したら次のステップに進んでください。

②この本だけに集中して、30秒ほど目を閉じ

て、観察した身の回りにあった「赤いもの」を、思い出せる限り頭に思い浮かべてください。

③今度は本から目を離して、身の回りにある「赤いもの」を探してください。

最初に注意深く観察したにもかかわらず、「赤いもの」がいくつも見つかりませんか？　間違いなく視界には何度も入っていた「赤いもの」が、探すと想像以上に見つかることがわかると思います。

この実験には続きがあります。

④再び本に集中して目を閉じて、今度は部屋にある「青いもの」を思い出せる限り頭に思い浮かべてください。

⑤最後に本から目を離して、身の回りにある「青いもの」を探してください。

いかがでしょうか？　「赤いもの」を探していたときに間違いなく視界に何度も入っていた「青いもの」も、意識して探してみるまで気がつかないことを実感できたでしょうか？

想像以上に人は「見たいものしか見ない」ことを実感できたのではないかと思います。そして、「赤いもの」や「青いもの」が見えたように、意識的に探せば「見たいものは見える」ことも実感できませんか？

▼自分の可能性を広げるリフレクション

脳の無意識な選択

・あなたは何を見ていますか？
・心から大事なものを見ていますか？
・誰かに見せられているものばかり見ていないでしょうか？

見たいものは見える脳

あなたの身の回りは可能性にあふれている

「見たいものしか見ない脳」を私が実感したのは、2008年1月に長男の大朗（タロウ）が産まれたときでした。

大朗が産まれてから、急に、本当に急に、身の回りが子どもだらけだと感じました。今までと同じような場所なのに、どこに行っても子どもだらけ、大勢の子どもが目についたのです。ただ、冷静に考えると、「見たいものしか見ない脳」の仕組みによるものだと気づくことができました。子どもは今までも同じように身の回りにいたのに、今までは興味が向かなかったから「見たいものしか見ない脳」には見えていなかったのです。

今までも視界には間違いなく入っていたにもかかわらず、見失っていたのです。それが、大朗が生まれて子どもたちが私の「見たいもの」となり、「見たいものしか見ない脳」が今までも身の回りにいた子どもたち気づいてくれたのです。

つまり、「見たいものしか見ない脳」とは「見たいものは見える脳」だったのです。あなたも、同じような経験をしたことがあるかと思います。

・沖縄に行こうと思っていたら、急に沖縄を舞台にするドラマが始まる
・自分が買うと決めた車が、急に町中で多く目につくようになる
・犬を飼い始めると、近所にやたら多くの愛犬家がいることに気づく
・脳の仕組みに興味を持ち始めると、関連する書籍や記事ばかり見つかる

これらはすべて、今までもあなたの身の回りの手の届く範囲に存在していました。

そのように理解できると、運命的に出会った人、奇跡的に手に入れた機会、偶然目に入った情報などもすべて、結局は「見たいものは見える脳」によるものだと理解できます。

今までも手に届くところにあった情報、見ないことにしていただけの情報に、「見たいものは見える脳」が気づいたのです。自分にはとって大事で興味があるからこそ、「見たいものは見える脳」が機能したのです。

自分の可能性が見える脳

私はこの「見たいものは見える脳」に大きな衝撃を受けました。そして、それまでの人生を振り返ると、どうすればいいかまったくわからず悩み迷っていた落ちこぼれだった私が、なぜか運よく結果を出せたのは「見たいものは見える脳」のおかげだと気づきました。

・就職が決まっているのに卒業に必要な期末テストで大失敗
↓多くの人に協力してもらい、追試を受けられる例外的な手段を手に入れた
・同じ会社で働くなら、もっと会社が投資してくれる部門で働いてみたい
↓営業が花形だと教えてくれる先輩と出会い、営業部への異動のきっかけをもらえた
・海外出張をしてみたい！
↓シカゴ出張に同行できる機会をお客様が作ってくれた

・もっと、グローバルを経験したい
↓お世話になっているお客様の中国でのＩＴシステムだけでない購買業務の支援や、グローバルチームと働く機会につながった

「願えば叶う」という単純な話だとは思いません。ただ、自分の可能性をあきらめずに、心から見たいものを探し続けていました。だからこそ、「見たいものは見える脳」が目の前にあるさまざまなチャンスを見失わずに気づかせてくれたと実感できました。

はるか遠い目的地に向けたすべてのステップは、最初はまったく見えませんでした。しかし、「見たいものは見える脳」の仕組み、つまり「自分の可能性」を知ることで、少なくともその方向に前進できる最初のステップは見つかったのです。一歩でも近づこうとそのステップを進めば、わずかでも近くなった目的地に向けた次のステップが見つかりました。「見たいものは見える」と知っているからこそ見つかったのです。

これを繰り返していくから、最初はどのようにたどり着けばいいのかわからなかったはるか遠い目的地に、最終的にはたどり着けていたのだ、ということを実感しました。

「見たいものは見える脳」のおかげで、心からやりたいことのステップは自分で見つけること

▶見えてくる自分の可能性

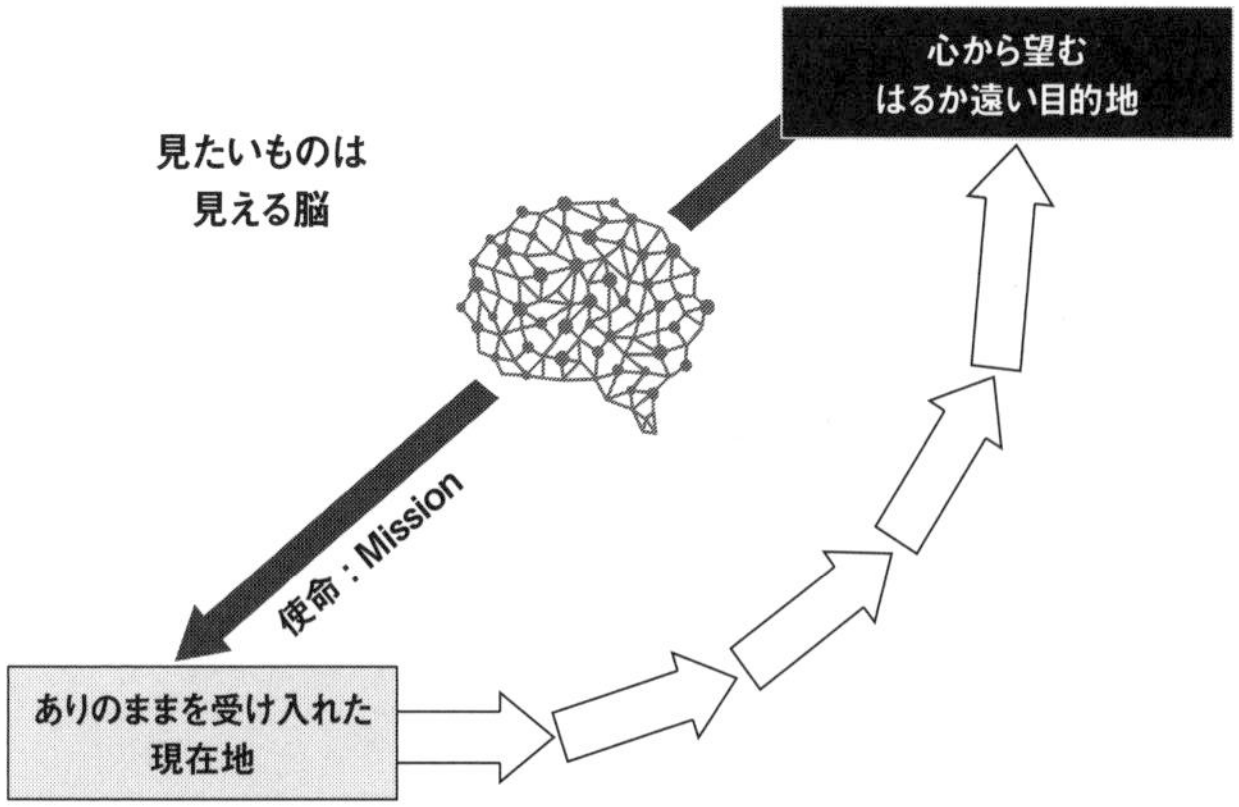

ができるという、大きな自分の可能性を知りました。自分の強い思いが引き寄せているような感覚でした。しかしそれは、今まで見ないことにしていた情報に、「見たいものは見える脳」が気づいていただけだったのです。

それまでは「スピリチャルな感じであやしいな……」と距離を取っていた「引き寄せの法則」や、精神論だと思っていた「思考は現実化する」とは、この「見たいものは見える脳」の仕組みによると科学的・論理的に納得することもできました。

人は目の前にある情報の0・1％も見ていません。自分にとっていいも悪いも大切だと思い込んでいることしか見ていません。そして、目の前にあって手に届く99・9％以上の情報を見ないことにしています。見ないことにしている99・9％以上の視野にはとてつもない可能性が潜んでいるということなのです。

▼自分の可能性を広げるリフレクション

自分の可能性が見える脳

・あなたが見てきた0・1％の視界とは？
・なぜ、その視界を選んできたのでしょうか？
・見ないことにしている99・9％の視野には何がありますか？

自分らしさを守る脳

人は「自分らしさ」を自分で決めている

脳には「恒常性維持機能（ホメオスタシス）」という、自分にとって居心地のいい環境、つまり自分が無意識に決めている自分らしさを守る根源的な力が備わっています。

例えば体温を例にすると、人間は36度ぐらいが居心地がよく、まさにそれが自分らしい環境です。そのため、激しい運動をしたり、気温の高い環境に身を置いたりすると、体から発汗して体内の温度を下げ、36度の体温を維持しようとします。一方で、体温の低い環境に身を置くと、無意識にブルブルと身震いをして体内温度を上げようとします。

この居心地のよい「自分らしさを守る脳」の根源的な力は、身体だけでなく、あらゆる状況で発揮されることが科学的に示唆されています。

例えば、ある子どもが「僕は勉強が嫌い、どんなテストでも60点ぐらいが自分らしい」という自分らしさを持っているとします。そんな子どもがあるテストで偶然80点をとったとき、もちろんうれしくて喜ぶことでしょう。しかし、冷静になると「自分らしい60点」とのギャップを感じ、不安になります。「80点をとるなんて自分らしくない」と。その不安を抱えていると、次のテストでは40点をとって無意識に帳尻を合わせて安心する、ということが起こるのです。

一方で、「僕は勉強が大好き。どんな試験でも100点が当たり前!」と思い込んでいる子どもの場合は、何らかの間違いで80点をとってしまったとき、「こんな点数は自分らしくない、何か間違っている!」と強烈な居心地の悪さを感じます。そして、次のテストでは自分らしい100点に戻るためにあらゆる必要な手段を講じます。周囲から見るととてもがんばって勉強熱心に見えるかもしれませんが、本人にとっては自分らしさを守るための当たり前の行動です。無理矢理に努力してがんばっているわけではなく、本来の自分らしさを守ることに無我夢中になっているだけなのです。

ボウリングで前半に自分らしくないストライクが連続すると、後半には失速して、最終的にはいつもの平均スコアに近くならないでしょうか? ゴルフで自分らしくない調子の悪いスコ

▶無意識に自分自身で選択している「自分らしさ」を創造的に守る力

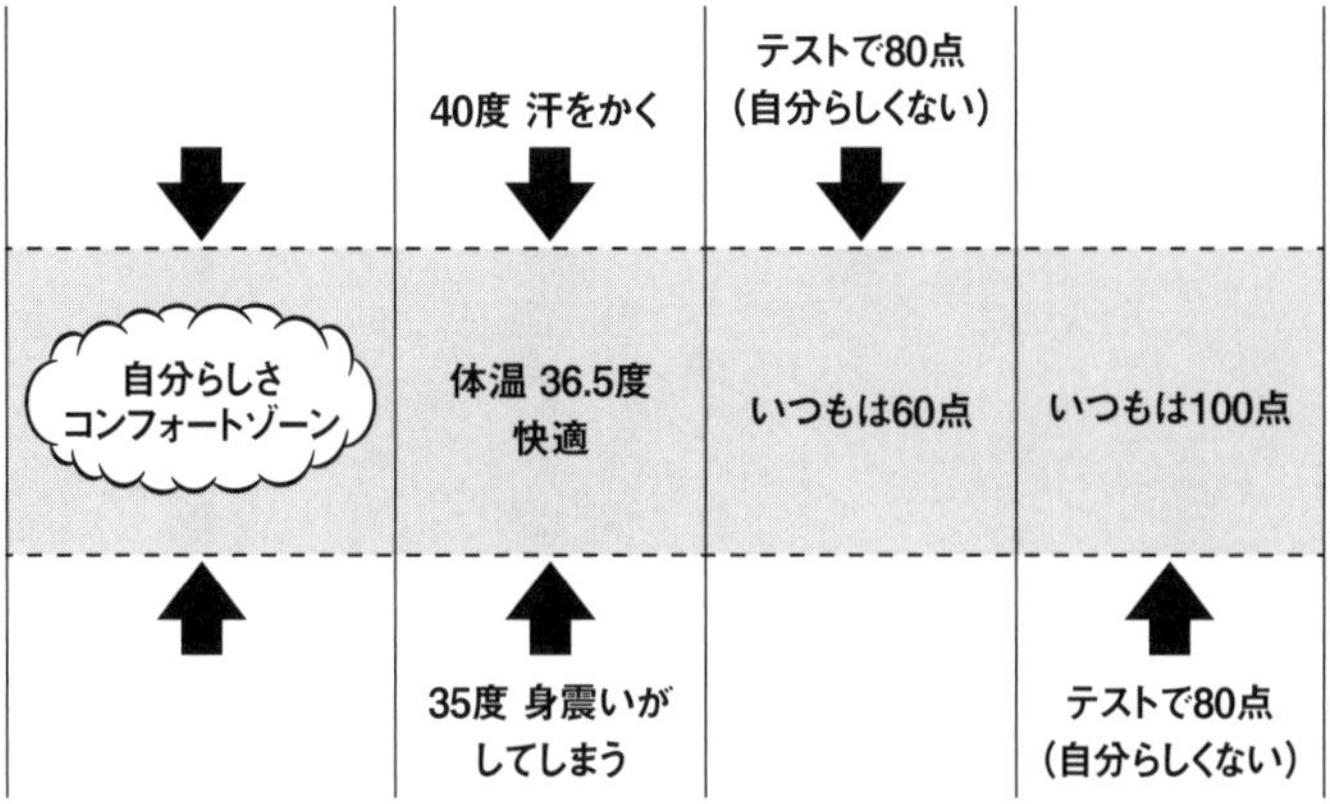

アやよいスコアで前半ハーフを終えた際、後半でなぜか帳尻が合ってしまうことが多くないでしょうか？

私自身の経験を振り返ると、私には「ＩＢＭの法人営業とはかくあるべき」という自分らしさがありました。

私が１９９６年に入社した日本ＩＢＭは、当時ＩＴ業界を牽引する業界リーダーの地位を確立していました。そして私が１９９８年に異動した営業の京滋支店はその中でも毎年成長し、毎年営業目標を達成、日本一やトップ営業として表彰を受ける先輩方だらけのとても勢いのある部門だったのです。先輩方それぞれが、強烈に高い視座でＩＢＭの法人営業としての自分らしさをいかんなく発揮し、活躍している環境でした。部門としても会社としても「業界を牽引している」という自分らしさが自然に共有されている環境だったのです。

先輩方の足元にも及ばない新人営業で、しかも畑違いの製造部門出身の私にとって、最初は居心地が悪かったのを覚えています。しかし、先輩のようなＩＢＭ営業になることに憧れるとともに、**最後にはそのような自分こそＩＢＭ営業らしいと強くイメージ**できていました。

このような恵まれた環境のおかげで、現状の未熟な自分に大きな不満と焦りを持ち、自らの成長に対しての強い思いを自然と抱けることができました。先輩方を見習い、常に高い目標に向かって挑戦する心が鍛えられ、行動につながっていったのです。結果、ありたいＩＢＭ営業らしさを実現し、グローバルキャリアの支えとなる基盤を作ることができました。

▼自分の可能性を広げるリフレクション

自分らしさ

・自分らしさを頑なに守った自分の体験とは？
・そのときのあなたの自分らしさとは？
・心から望む自分らしさとは？

イメージを具現化する脳の使い方

心から見たいものを多面的にリフレクションする

「見たいものしか見ない脳」の仕組みを知ると、自分の視界が限られたものしか見えていなかったことが実感できます。今まで0・1%にも満たないごく限られた視界であらゆる選択をしていました。つまり、99・9%以上の視界を見ないことにして生きていたということです。

「見たいものは見える脳」のよりよい使い方とは、圧倒的に見ないことにしてきた99・9%以上の視界をリフレクションすることです。つまり、自分の可能性に光を届けることで、心から見たいものを知る、心から望む大切なものを決めることです。

心から望むものは人それぞれです。他の誰かが決めるものではなく、自分でしか決められません。1つに絞る必要もありません。仕事や家族だけでなく、自分の健康、趣味、資産、友人との関係、学び、地域や社会など、大切なものは人それぞれにとても多面的です。

大切なものすべてを大切にするために、何かを犠牲にする必要はありません。何かを犠牲にしないと結果を出せないというのは、多くの日本人の思い込みです。もちろん、意識的に取り組めることとは限られます。聖徳太子は7つ以上と伝えられますが、一般的には多くても3つのことしか同時に意識的には取り組めないでしょう。しかし、意識していない無意識の脳は、私たちの想像を超えてマルチタスクに働きます。

無意識に脳が処理している事柄は数多くあります。呼吸や心臓の動き、気配を感じることなど、寝ている間にも想像を超える処理をこなしているのです。「大切なことをすべて大切にする」と決めれば、見ないことにしていた99・9%以上の視界にすべてを実現できる手段を見つけることができます。「何かを得るために、何かを犠牲にしないといけない」というのは、脳の仕組みを知らない思い込みであり言いわけでしかないのです。

心から望む見たいもの、心から大切なものを多面的にリフレクションする。すると、「見たいものは見える脳」が、今まで見ないことにしてきた99・9%以上の視界から、実現する可能性や手段を見つけてくれます。

心から望む自分らしさをリフレクションする

「自分らしさを守る脳」には自分が無意識に決めている自分らしさを根源的に守る力が備わっています。そして、あなたの現状とは、自分の中の無意識に作り上げた自分らしさによる行動と結果が投影（リフレクション）されて出来上がっています。

脳には根源的に、現状の変化を嫌う生存本能と自己防衛本能があります。慣れ親しんだ自分らしい環境、居心地のいい環境を変える行為は、現状の自分らしさを守る脳に反するため簡単ではありません。よくも悪くも変化が発生すると、無意識に元の自分らしさを守る根源的な力が発揮されていきます。

「自分らしさを守る脳」をよりよく使うには、不満のある現状の自分らしさではなく、大切な未来を実現している心から望む自分らしさをリフレクションすることです。

現状ではない心から望む自分らしさを、臨場感高く想像して創造する、「心から望む未来を実現している自分こそ自分らしい」とリフレクションをするのです。

心から望む自分らしさをリフレクションしていくと、現状に囚われている今の自分は自分らしくないと気づくことができます。そして、心から望む自分らしさを守るために、無意識の恒常性維持機能が発揮されます。つまり、心から望む自分らしさを守るためにあらゆる手段に気づき、圧倒的な行動につながります。気づいた手段を実現するまであきらめない根源的な力が湧いてくるのです。

「見たいものは見える脳」と「自分らしさを守る脳」には、無意識の根源的な力があります。この脳の力ををよりよく使うと、心から見たいとイメージする世界を、自分らしい世界として具現化できます。これが描いたイメージを具現化する脳の仕組みです。

「イメージを描けて、夢見ることができれば、それを実現する道はある（If you can visualize it, and If you can dream it, there's some way to do it.）」とウォルト・ディズニーは語りました。

当然ですが、ウォルト・ディズニーは脳のよりいい使い方を知っていたのです。自分が見ないことにしている視界に潜む可能性を疑うことなく、心から望む夢を描きました。そして、夢を実現している自分こそ自分らしいと、心から望む夢を実現したのです。イメージを具現化する脳は誰にでも備わっています。

▼自分の可能性を広げるリフレクション

心から望む自分になる脳

・イメージが具現化されたよい体験とは？

・そのときの気分や感情は？

・心から望む自分のイメージとは？

振り返りと内省の落とし穴

負のイメージも具現化してしまう脳の仕組み

無意識にあるイメージを具現化する脳は、よくも悪くも根源的な力を持っています。失敗するイメージに囚われると現実でも失敗してしまうことを、あなたも経験したことがあると思います。

そうなってしまう理由は、失敗を恐れるあまりに何度も失敗する自分をイメージして、無意識に「失敗する自分こそ自分らしい」と思い込むからです。失敗した過去に囚われて、いつまでも過去の失敗に囚われ、その結果、**イメージを具現化する脳がイメージした失敗を具現化しようと無意識に働きます。**

これは、自転車を練習している子どもに対して、「そこに石があるから気をつけて！」と言うと、なぜか子どもが石に引き込まれていってしまうという、本能的な脳の仕組みです。「すっぱいレモンを思い浮かべ〝ない〟でください」と伝えられ、思い浮かべたくないと思っても、唾液が出てしまうといった、本能的な脳の仕組みです。

サッカーのＰＫ戦で「失敗したくない」と恐れていると、失敗するイメージを何度も刷り込んでしまいます。「失敗するなよ！」と監督や仲間やサポーターから声をかけられると、ますます失敗をイメージしてしまいます。

失敗しないために気をつけるべきことに意識を奪われてしまうのです。本来持つ自分の力が発揮されることを、失敗に囚われた無意識が全力で邪魔します。イメージした失敗する自分を具現化する大きな力が働くのです。

こうした際には「失敗するなよ！」ではなく、「楽しんで！　やればできる！」と成功するイメージを伝えてあげることが効果的です。

些細な失敗を何度もする子どもを叱り続けると、同じ失敗をよくします。そうした子どもは、些細な失敗をする自己イメージを持っているため、無意識に具現化してしまうのです。権威のある親が「同じ失敗を何度するんだ！」と叱ると、失敗する自己イメージをさらに強化します。

自分も親も認める「何度も同じ失敗をする」イメージを具現化するのです。そして、次の同じ失敗につながります。

こういうケースでは、「同じ失敗を何度するんだ！」ではなく、「あなたらしくない」というように、いつも成功しているイメージを伝えてあげることが改善につながります。

ありたい姿を持たずに、失敗の「なぜなぜ」を何度も繰り返すと、同じような失敗が続きます。ありたい姿よりも、失敗のイメージが脳に刷り込まれるからです。そして刷り込まれたイメージが具現化されてしまいます。

何よりも、心から望むありたい姿を明確に持つことがとても大切です。その上で、現状をありのままに受け入れるための「なぜなぜ」にこそ、建設的な意味があるのです。

ありたい姿に向けて、ありのままに受け入れた事実は失敗ではありません。ありたい姿に向けて大事な第一歩を知るための現在地となります。ありたい姿のイメージを具現化する脳のよりよい使い方です。

実業家の故・稲盛和夫さんは、「病を恐れ、忌み嫌い、避けようとしていた私だけが、病気を呼び寄せてしまったのです」と、著書で語っています。稲盛さんの教訓も、イメージを具現化する脳の悪影響です。病を恐れるたびに、病に冒されているイメージを繰り返しています。病気に冒されているイメージが何度も頭に刷り込まれることで、病を恐れるイメージが具現化されたのです。

脳をうまく使うには、病を恐れるのではなく、心身ともに健康な自分に素直に感謝することが大切です。

振り返りの罠から抜け出す力

リフレクションを「内省」と訳す日本社会は、ここに挙げたような負のイメージを具現化する振り返りの罠に囚われがちです。心から望む成功のイメージを見失い、失敗した過去の後悔と、失敗する未来の恐怖を無意識に強くイメージしています。

イメージを具現化する脳には逆効果なのに、批判的に失敗した過去を何度も振り返ることが当たり前になっています。例えば、

・悔しさをバネにと、失敗したイメージを植えつける指導が正しいと誤解されている

・できなかった理由を深掘りして、失敗したイメージを過剰に振り返る
・謙虚さが過ぎて、自虐的な失敗する自己イメージを照れて伝える習慣がある
・愚痴や悪口でストレスを発散しながら、他人が失敗するイメージを自分の心にも溜め込む

こうした繰り返される失敗の振り返りが、「無意識に失敗する自分こそ自分らしい」という思い込みを強化します。そして、無意識に失敗する自分を具現化しようとするのです。目的を見失った振り返りは、「そこに石があるよ、気をつけて！」と声をかける親のような、とても残念な善意の罠なのです。

ドライビング・テクニックは、壁に衝突しそうなときに、壁ではなく車が抜け出る先を意識をするようにと教えてくれます。壁である失敗や不満のある現状をイメージするのではなく、心から望む自分の姿をリフレクションするから事故を防げるとの教えです。

こうした心から望む姿のリフレクションが、振り返りの罠から抜け出す力になります。

▼自分の可能性を広げるリフレクション

心から望む姿

・振り返りの罠に囚われた経験はありますか？
・囚われてしまったイメージとは？
・罠から抜け出た心から望む自分の姿とは？

脳と心がすべて

心から望む自分になる脳と心の使い方

心から望む自分自身をリフレクションするから、今まで見ないことにしていた自分の可能性を知ることができます。今をありのままに受け入れて、心から望む自分こそ自分らしいとリフレクションするからこそ、圧倒的な行動と今を生きる力につながります。現状を超える心から望む自分を制約なくリフレクションするから、自分の可能性を支えてくれる今の仲間に気づき、支えてくれるこれからの仲間を築けます。自分と仲間の可能性がつながります。

リフレクションとは、心の鏡に自分の可能性を映すことです。心から見たいもの、心から望む自分らしさを映す心の鏡を持つことです。そして、「心から望む自分」になる脳と心の使い方です。極めて単純化すると、これが私が本書であなたに伝えたいことです。

あなたも実践してきたリフレクション

脳と心のよりよい使い方であるリフレクションは、理論を知らずとも、あなたも実践しています。

あなたが過去にやり遂げてきたことを思い返してください。最初はどうすればいいかわからなかったにもかかわらず、実現してきたことがたくさんあるはずです。それは、どうしてもやりたいことだったはずです。やり方はわからなくても、根拠はなくても、なぜか自分にはできると思っていたはずです。

憧れる大きな成果を出している人たちも、当然のようにリフレクションを実践しています。科学的な理論として理解している人は多くないかもしれません。ただ純粋に心から望み、実現する自分こそ自分らしいと知り挑戦を続けています。そして、それが自分らしいと知っているから、どんなに困難で思うようにいかない状況でも、結果を出すまであきらめていないだけです。

例えば2021年7月に放送されたNHK「プロフェッショナル　仕事の流儀」に出演した私の叔父・西原金蔵も、リフレクションを本質的に実践していた1人です。

「自分が今のような結果を出せたのは幸運でしかない。当然いろいろな苦労はあったが、辛いと思ったことはまったくない。ただただ自分の好きなこと、大切なこと、大切な人に誠心誠意向き合ってきただけ。夫婦で夢を語り、過程にどんな困難があっても、『自分たちにはできる！』と根拠のない自信はいつでも持っている。毎日がとてもありがたいし楽しい」

こう世界的なパティシエの叔父は語ります。叔父は脳の仕組みや理論は知らずとも、リフレクションを長年実践していたのです。

叔父にその理解と理論を伝えたところ、「過去を振り返り、自分が結果を出せた理由がスッキリとして腹落ちできた。理論を知ったことで、これからもさらに大きな夢に確信を持って向かう力になる」と、とても喜んでくれました。

今年で70才になる叔父は、私が主宰するリーダーシップ・プログラムにも参加し、挑戦し応援し合う仲間になりました。そして、心や体にハンディを持ちつつも秘めた特殊能力を持つ方々と一緒に、自分の思い入れのあるお菓子を世界に広める次の夢に挑戦しています。

リフレクションとは、科学的な理論に裏づけされた脳と心のよりよい使い方です。脳と心の使い方が変わると視界が変わります。視界が変わるから、思考が変わります。思考が変わるから、行動が変わります。行動が変わるから、結果が変わります。結果が変わるから、人生が変わります。自分の脳と心の使い方が、あらゆる結果につながっていくのです。

お釈迦様の名言として、英語圏ではよく知られている「Mind is everything. what you think, you become.／心がすべて、考えた通りの自分になる」ということです。できるのかできないのか、すべてはあなたが決めています。あなたの脳と心が決めています。脳と心の使い方がすべてなのです。

▼自分の可能性を広げるリフレクション

脳と心の使い方

・脳と心の仕組みを知っていますか？
・脳と心のよりよい使い方を知っていますか？
・脳と心を何に使いたいですか？

リフレクションの3つの視点
——*reflecting your heart, your moment, and your connections*

心から望む自分の可能性を知る

リフレクションとは、心の鏡に映る自分を見て、自分自身を深く知る方法論です。過去に囚われた思い込みや他人の作る限界から自由になり、「心から望む自分」になる脳と心の使い方です。

リフレクションの実践で大切なのが、心を向ける3つの視点「心から望む your heart」「今を生きる your moment」「自分と仲間の可能性をつなぐ your connections」です。

心から望む：your heart

・心から見たいものを決める

・心から向かう目的地を明確にする
・心から大切にすることを多面的に決める
・大切なことはすべて大切にする
・心からの喜び、心からの幸せを実感している自分らしさを知る

今を生きる：your moment

・感情や判断をやめて、今をありのままに受け入れる
・自分が決めた目的地に向かう現在地を知る
・過去の失敗や感情に囚われることなく、今に感謝する
・浮かれ思い上がることなく、厳しく客観的に現状を受け入れる
・覚悟を持って自分の未来を決め、自分の可能性に挑戦する

自分と仲間の可能性をつなぐ：your connections

・現在地から目的地までをつなげる自分の可能性を知る
・支えとなる仲間がすでにいることに気づく
・これからの道を拓く仲間との関係を築く

▶心を向ける3つの視点

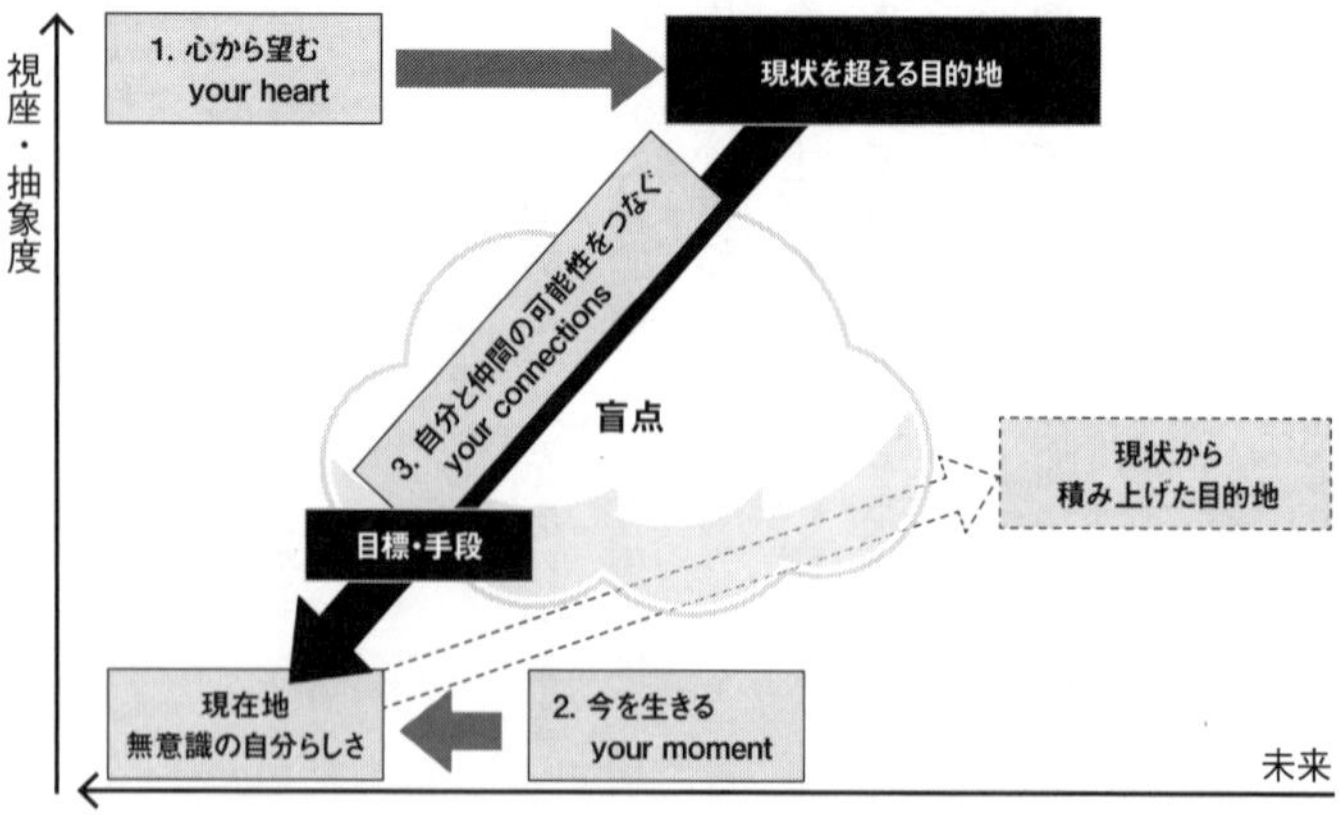

・自分を支える仲間の可能性を信頼する
・自分と仲間の可能性をつなぐ

自分で決めた限界の外側に目を向けると、現状を超える心から望む自分の可能性を知ることができます。心から望む自分らしさは、他人が決めた常識に囚われません。見ないことにしている99・9％以上の視界に自分の可能性を見つけます。

第2章からより詳しく大切な3つの視点について紹介していきます。

自分の可能性を広げるリフレクション

your heart, your momment, and your connections

・一切の制約がなければ、何をしますか？

・あなたにとって、今をありのままに受け入れるとは？

・あなたにはどんな仲間がいますか？　必要ですか？

第１章
まとめ

・脳の仕組みを知るから、脳のよりよい使い方がわかる。脳をよりよく使えると心から望む自分になれる。

・99・９％以上を見ないことにしている視界には可能性だらけ。心から望む自分の可能性を知り、心から見たいものを決める。

・囚われた現状の自分らしさではなく、心から望む自分らしさを想像し創造する。

・脳と心の使い方が変わるから視界が変わる、思考が変わる、行動が変わる、結果が変わる。人生が変わる。

・リフレクションの３つの視点とは、①心から望む（your heart)、② 今を生きる（your momemnt)、③ 自分と仲間の可能性をつなぐ（your connections)

第2章

心から望む
——your heart

何のために生まれて、何をして生きるのか？
答えられないなんて、そんなのはいやだ！

—— アンパンマンのマーチ（やなせたかし）

▶ 心の鏡に自分自身を映すリフレクション

・何のために生まれたのか？
・何をして生きますか？
・もっと高い視座から見る心から望む自分らしさとは？

すべての存在は関係性によって成り立つ

つながりが自分を定義する

普段、あなたはどのように自己紹介をしますか?
あなたの大切な存在（出身地・会社・学校・両親・趣味・好きな物・過去の経験などの出来事）を挙げて、自分自身とその存在との関係のつながりを説明して自己紹介をすると思います。そして、一生懸命に詳しく説明するのは自分ではなく、つながりのある存在についてです。つまり、つながりのある存在を説明することが自己紹介なのです。

つながりのある存在があるから、自分自身は存在しています。今までどんな存在とつながってきたか、今どんな存在とつながっているのか、これからどんな存在とつながるのかが、あな

▶1つの結び目として自分がいるから世界は存在する

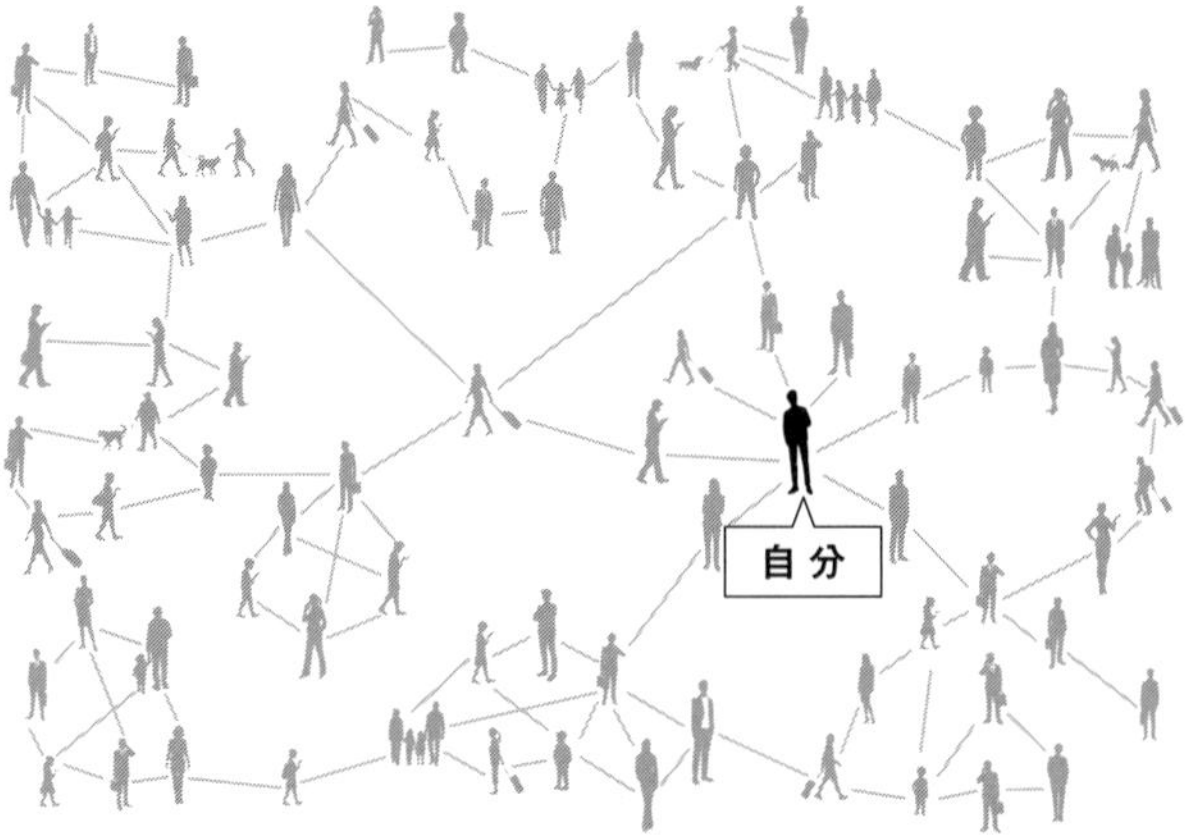

たの存在を決めています。つながりがあなたを定義しているのです。

つながりをたどっていけば、その先につながる関係性は時空を超えて限りなく続いていきます。父の父親である祖父、祖父の父親である曽祖父、曽祖父の父親は曽々祖父と続いていきますが、すべてをたどることはできません。

もし、すべてのつながりをたどることができるなら、それは世界にあるすべてにつながることになります。友人の友人を数珠つなぎでたどり、「六次をたどれば世界中につながるという「六次の隔たり理論」がいい説明になるでしょう。

世界に網の目のように広がるさまざまな関係

性は、自分を結び目の1つとして、すべてつながっていると考えられるのです。

そして、あなたはその中の限られた存在をつなぐ1つの結び目であり、今までかかわった存在があるから、あなたも結び目として存在しています。1つの結び目としてあなたがいるから、世界も存在しています。

縁起の思想

これは、2600年以上も前にお釈迦様が悟られたと伝えられる「縁起」を説明する1つの方法です。日本人には馴染みのある「縁起がいい」などの表現も、このお釈迦様の「縁起」が語源です。

すべての存在は諸行無常であり、関係性によって刹那にダイナミックに定義される。自分自身を含めて絶対的な存在を否定するという思想です。

「我思う、ゆえに我あり」と絶対的な存在を前提とする、デカルトが提唱した西洋の「唯物論」とは異なる思想です。縁起の思想には現代科学の不完全性定理や量子力学と本質的な共通点を

▶縁起の思想

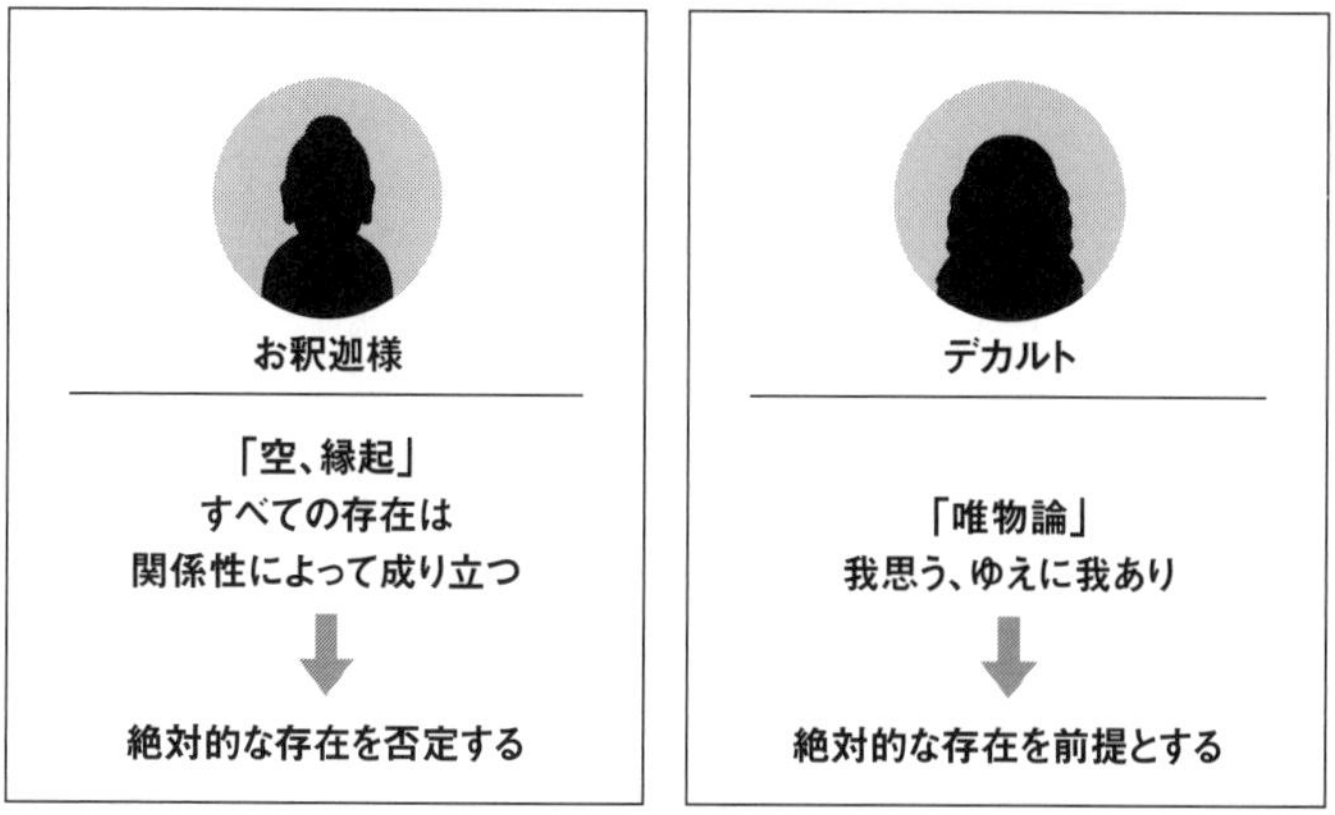
お釈迦様
「空、縁起」
すべての存在は
関係性によって成り立つ
絶対的な存在を否定する
デカルト
「唯物論」
我思う、ゆえに我あり
絶対的な存在を前提とする

見つけることができます。

自分の存在は関係性によって定義される。一瞬一瞬に自分が選択する関係性によって、自分自身を定義できる。絶対的な関係性は存在しない。この世界にあるすべての存在は、さまざまな関係性ですべてつながっている。自分はその中の1つの結び目。今までかかわった存在があるから自分は結び目として存在している。1つの結び目として自分がいるから世界も存在している。

そう考えるなら、結び目である自分自身を大切にするには、自分とつながる存在を大切にしたいと私は思います。つながる存在すべてが自分にとって意味があります。つながる存在こそが、自分自身だとも思えます。そして、すべてのつながる存在に、役割を果たしたいと思います。

あなたの果たす役割がある

現在私は、大谷愚烟 師（浄土真宗 本願寺門主）、平原憲道 博士（マレーシア国立マラヤ大学 医学部准教授）とともに、リフレクションを仏教哲学、認知科学の視点で鼎談《ていだん》する、仏教と科学のサロン、21世紀的対機説法を運営しています。

長い歴史によって鍛え磨かれてきた仏教哲学には、現代科学と本質的な共通点、そして現代科学を超える深い学びがあると気づきを得る場です。

日本では、かつては仏教がより大きな役割を果たし、人々の生きる力の支えになっていました。仏教は、戦国武将の隣にいた僧侶のように、駆け込み寺や寺子屋の和尚のように身近な存在で、多くの人にとって人生のコーチのような存在でした。教師、医師、メンター、コンサルタント、カウンセラー、セラピストなど、よりよく生きたい人々に寄り添い伴走する、多様で幅広い大きな役割を果たしていました。

しかし、葬式仏教と揶揄される現在の仏教において、本来は手段である葬式や法事などを目的化する僧侶が少なくありません。残念ながら、かつて果たしていた僧侶の本来の役割が失われつつあります。

そんな現代社会においても、仏教哲学には、あらゆる時代に通じる本質的な教えがあると私は確信しています。その思いを伝える手段として、宗派を超えて仏教を学ぶ人々が、自分の果たす役割に気づく場となる21世紀的対機説法に取り組んでいます。

私自身も浄土真宗 本願寺での得度（出家して僧侶になること）を準備しています。僧侶の1人として、仏教哲学の学びを実践してよりよく生きたいと思っているからです。そして、今の時代に求められる、1人1人違うよりよい生き方を支えることに、役割を果たしたいと思います。

一緒に取り組む仲間である共同主宰者からのメッセージを共有させていただきます。

〈大谷愚烟 師：本願寺門主〉

「念仏すればよい。しかも1回でよい。真宗は一番簡単な宗派だ」

そう教えられた私はそれを真に受け、そのまま僧侶になりました。

一番簡単なのだからと、わかったつもりのまま大人になったある日、「あれ？　これわからへんぞ……というか簡単にし過ぎて逆に難しくなってないだろうか？」と思うようになりました。以来、簡単であると同時に難しくもある仏法と格闘する日々が続いています。

簡単だから誰にでもわかるというものではなく、1人1人違う私たちには、それぞれの言葉が必要です。

違う言葉、視点を持ちながらも、同じ景色を見ることができる。それを目指したいと思います。

〈平原憲道 博士（マレーシア国立マラヤ大学 医学部准教授）〉

ひょんなことで13歳のときに「般若心経」との衝撃的な出会いを遂げた私は、自他ともに認める「仏教オタク」になりました。「お経は読みくだせば普通に読める」という、誰も教えてくれなかった事実に目覚めた私は、15歳のときには「弘法大師空海オタク」となり、順調に仏縁まみれの人生を開くこととなります。

大学の進学においては、真剣に「高野山大学密教学科か？　それとも京都大学文学部心理学科か？」と悩んだ末に選んだのは、米国カリフォルニア大学バークレー校の心理学部でした。「何でやねん!?」、周囲は2度驚き、なぜその進路なのかと聞きました。でも、私にとっては何も不自然なことはなく、世界有数の研究大学で、仏教と心理科学を学べば、両手に花！　な状態を堪能できると思ったからなのです。そして、心理科学の専攻なのに、図書館にこもって読むのはいつも英語の仏教書という大学生活を過ごしました。

真言密教が最も大事にする経典の1つに般若理趣経というものがあります。その中の「百字の偈」に「欲等調世間」や「大欲得清浄」という語があります。「大欲」を私たち1人1人が目指すとき、それは「煩悩」を越え、清浄なる境地に至ると確信しています。

▼自分の可能性を広げるリフレクション

縁起

・ふと心に浮かぶ人、お世話になった人を思い浮かべてください。
・その人とはどんな関係を築いていて、今までどんな影響を受けましたか？
・その人のために今何ができるでしょうか？（些細なことでもかまいません。考えることに意味があります。せっかくなので実行してみてください）

何のために生まれて、何をして生きるのか？

社会につながる結果に価値がある

「何のために生まれて、何をして生きるのか？」

『アンパンマンのマーチ』が大好きな私は、家で子どもたちによく歌います。

そして、「私はお父さん、お母さん、お兄ちゃん、みんなのために生まれてきた」と伝えてくれる娘の花菜子に心を打たれます。

このフレーズは、誰にとっても本質的な問いです。ただ、多くの人が小学生の花菜子のように明確な答えを持っていないのも事実です。

アンパンマンのマーチでは「答えられないなんて、そんなのは嫌だ」と続きます。作詞をされたやなせたかしさんは、子どもだけではなく、アンパンマンを一緒に見る大人にもこのメッセージを届けていたのではないでしょうか。

あなたがご自身の答えを探すヒントとして、1つの考え方を共有します。

人間自身の活動を、コンピュータのように「インプット・プロセス・アウトプット」(入力・処理・出力)から構成されていると単純化して考えます。

何らかの外部からの刺激である「インプット」を、自分の脳と心である「プロセス」が処理して、何らかの行動を「アウトプット」しています。そして、社会とかかわりのある人々が相互にそれぞれの「インプット・プロセス・アウトプット」を網の目のようにつなげていると考えられます。

つまり、自分の「アウトプット」は、それを「インプット」として受け取った人の「プロセス」を通じて、次の「アウトプット」につながっていきます。この関係が相互にも成り立ち、自分の「アウトプット」は誰かの「インプット」になり、誰かの「アウトプット」は自分の「インプット」となってつながっていくわけです。このように、時空を超えて網のようにつながって社会は構成されています。

そんなつながりの中では、つながる人の「プロセス」を通じて社会に提供される「アウトプット」こそが、価値のある結果だと考えることができます。独りよがりな自分の行動は、つながる人を通じて社会につながってこそ結果になり、価値が発揮されます。そうすることで自分の生きた価値が出てくるのです。

人は変えられない、変えられるのは自分だけ

社会につながった結果こそが、自分の生きた価値だと考えると、一連のつながりで自分自身が主体的にコントロールできるのは自分自身の「プロセス」、つまり「脳と心」しかありません。人は変えられません。自分の行動を通じて影響は与えられても、人の「プロセス」を変えることができません。変えられるのは自分の「プロセス」である「脳と心」だけなのです。

そうであれば、社会につながった結果である自分の生きた価値を高めることは、自分の「プロセス」である「脳と心」を高めることと考えることができます。

心から望む自分の生きた価値となる結果を明確にする。望む結果につながる、つながる人の「プロセス」をよりよく知る。望む結果につながる、つながる人が必要な「インプット」を知る。

▶脳と心の使い方を変えるから、行動が変わり結果と価値につながる

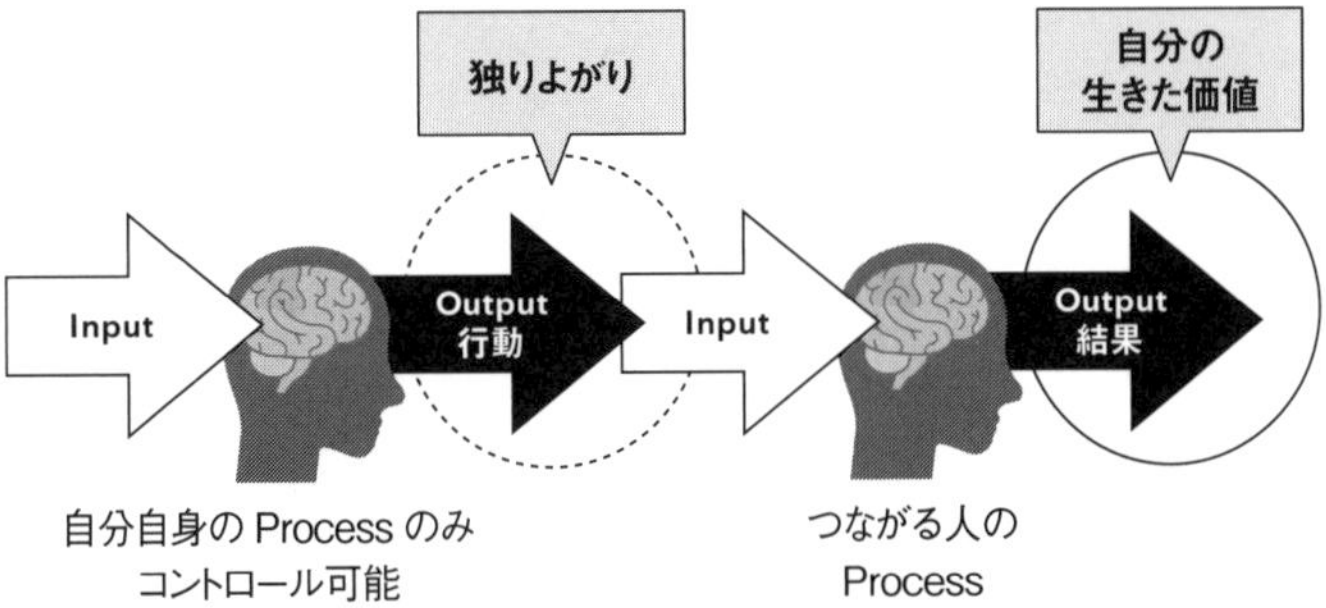

- 自分でコントロールできるのは「脳と心の使い方」だけ
- 脳と心の使い方を変えるから、心から望む自分らしい行動に変わる
- 行動が変わるから、つながる人を通じた結果、自分の価値につながる

望む結果につながる、自分の「アウトプット」を知る。

そうすれば、望む結果につながる自分の「プロセス」が理解できます。その「プロセス」である脳と心を高めて実践することで、自分の生きた価値につながります。

プロセス（脳と心）を高めるとは

そして、自分の「プロセス（脳と心）」を高めるには、望む結果につながる「インプット」が必要です。「インプット」とは自分に与えられた環境で、その環境は選択できることも多くあります。経営コンサルタントの大前研一さんが、「人間が変わる方法」として3点を指摘しています。1つは時間配分、2番目は住む場所、3

番目はつき合う人を変えるというのは、環境を選択して「インプット」を変える方法です。

一方で、選択できない「インプット」も多くあります。生まれた国、親や家族、生まれつきの身体や健康、育った環境は選択できません。また、過ぎ去ったあらゆる出来事は変えられませんし、選択し直すこともできません。

しかし、その「インプット」をどのように「プロセス」するかは、自分自身が主体的にコントロールできます。なぜなら、与えられた環境や過去のすべての出来事の意味は、今の自分自身の「プロセス（脳と心）」が決めているからです。自分の「プロセス」があらゆる「インプット」の理解をコントロールしています。

この世の地獄を経験するような「インプット」を、自分の「プロセス（脳と心）」次第だと受け入れることは簡単ではありません。ただ、少なくとも自分の「プロセス（脳と心）」だけは、自分でコントロールできるという事実については、希望にならないでしょうか？

そして、自分の「プロセス（脳と心）」だけは、主体的に自分でコントロールできることを知ると、すべての「インプット」に意味や役割を見つけられないでしょうか？

あらゆる存在に役割がある

思うようにならず、どうしようもなく、誰の役にも立たず、自分の生きた意味につながると思えない、独りよがりな行動しかできない自分の「プロセス（脳と心）」を悔やみ、恥じることがあります。さまざまな欲望や、あらゆる感情に惑わされて自分の「プロセス（脳と心）」をコントロールすることをあきらめるときもあります。

そんなときでも、つながる人の素晴らしい「プロセス」が、社会に大きな価値を届けることがあります。障害や反面教師としてしかかかわれていなくても、つながる人の素晴らしい「プロセス」が自分が心から望む結果につながることがあります。自分がより「プロセス（脳と心）」を高めていれば、もっと素晴らしい結果につながった可能性は否定しません。ただ、今目の前に存在する社会に価値のある結果は、自分の独りよがりな行動がなくても存在はしていません。

つまり、どんな「インプット」にも、「プロセス」にも、「アウトプット」にも、何らかの意味や役割があるということです。**自分自身が存在し続けることに、生きる意味があるということです。**どんな悪人やどうしようもない人でも、少なくとも存在するだけで意義・役割があるのです。

そうであるなら、せっかくならつながる人や社会に役立ちたい。自分の生きた価値であるつながる人のよりいい「アウトプット」につながるために、自分の「プロセス」を高めたいと私は思います。

そして、できる限り多くの人と接して、できる限りユニークな「インプット」を得て、できる限り多くのつながる人に意味のある「アウトプット」を量産することで、自分の生きたの価値を最大化できると考えています。

自分の「アウトプット」は本や映像、人々の記憶の中で時空を超えつながっていきます。それが、私がこの本を書いている理由の1つです。

▼自分の可能性を広げるリフレクション

Input-Process-Output

・これからのあなたの人生で大切な人とはどんな人たちですか？
・あなたの大切な人は何を実現しようとしていますか？
・大切な人に、あなたは何ができますか？

過去は現在が作り、現在は未来が作る

人間万事塞翁が馬、不運も幸運に変わる

「人間万事塞翁が馬」ということわざがあります。人生では、幸運と思ったことも不運に転じるし、不運だと嘆いていたことも幸運に転じる。自分の捉え方次第。安易に喜んだり悲しんだりしても仕方がないという教えです。

些細なことで悩みが多かった私の高校時代に、親友が教えてくれた言葉です。この言葉に、その後の人生のいろいろな場面で助けられました。起こったどんな不運も幸運も、現在の自分次第でどのようにも捉えられる。自分の捉え方次第で未来につなげられる。ならば「今を生きる」ことを何よりも大事にすべきと、それまで以上に考えるようになりました。

この考え方が身についていたおかげで、「過去は現在が作り、現在は未来が作る」という、1つの考え方を受け入れることができました。

勝者が歴史を作るように、すべての自分の過去の歴史は現在の自分が作っています。現在の自分にとっていいも悪いも都合のいいように過去を認識しています。それが勝者である今を生きる自分にとっての真実です。

私の実例を挙げると、高校卒業記念に行った初めてのスキー旅行で、滑り始めて2時間で骨折をしてしまいました。その日からの3泊は民宿で留守番をすることになってしまったのです。とても悲しい不幸な出来事でしたが、気の毒に思った友人たちが、疲れているにもかかわらず夜遅くまで麻雀につき合ってくれ、友情のありがたさを感じることができました。そして最終日には、ギブスをしている足をきっかけに、同じ民宿に泊まっていた女子たちと仲良くなるといったうれしい事件も起こりました。

到着して2時間で骨折したときにはとてつもなく不運な事故だと落ち込みました。しかし、骨折のおかげで女子たちと仲良くなった夜には、心の底から骨折したことを感謝していました。

同じ骨折という事実が、不運から幸運に変わったわけです。その後もよく話のネタにできて、今では青春の1ページのとても幸運な出来事として認識しています。起こった瞬間はとてつもなく不運と感じた過去を、幸運だと心の底から思える過去に、現在が作り変えている実例です。

つまり、過去は現在が作っているのです。過去に流れ去った事実が現在を作っている経験は、あなたにも多く思い浮かぶのではないでしょうか？

現在は未来が作っている

それと同様に、現在は未来が作っているとも考えることができます。「今日の夜に◯◯を食べる」という未来を決めるから、決めた未来に向かって食事の準備を進めます。すると、現在の行動が決まってきます。

過去は現在が決めているように、今取り組む行動は、これからやって来る未来が決めています。現在は未来が作っているのです。

つまり、時間は未来から現在に、そして現在から過去に流れていると考えることができます。「未だに来てない未来」「過ぎて去った過去」、漢字が表す意味の通りです。仏教哲学や分析哲学でも同様の考え方が示唆されています。決めた未来が原因となり、結果として現在の行動が

▶未来が現在・過去を作る

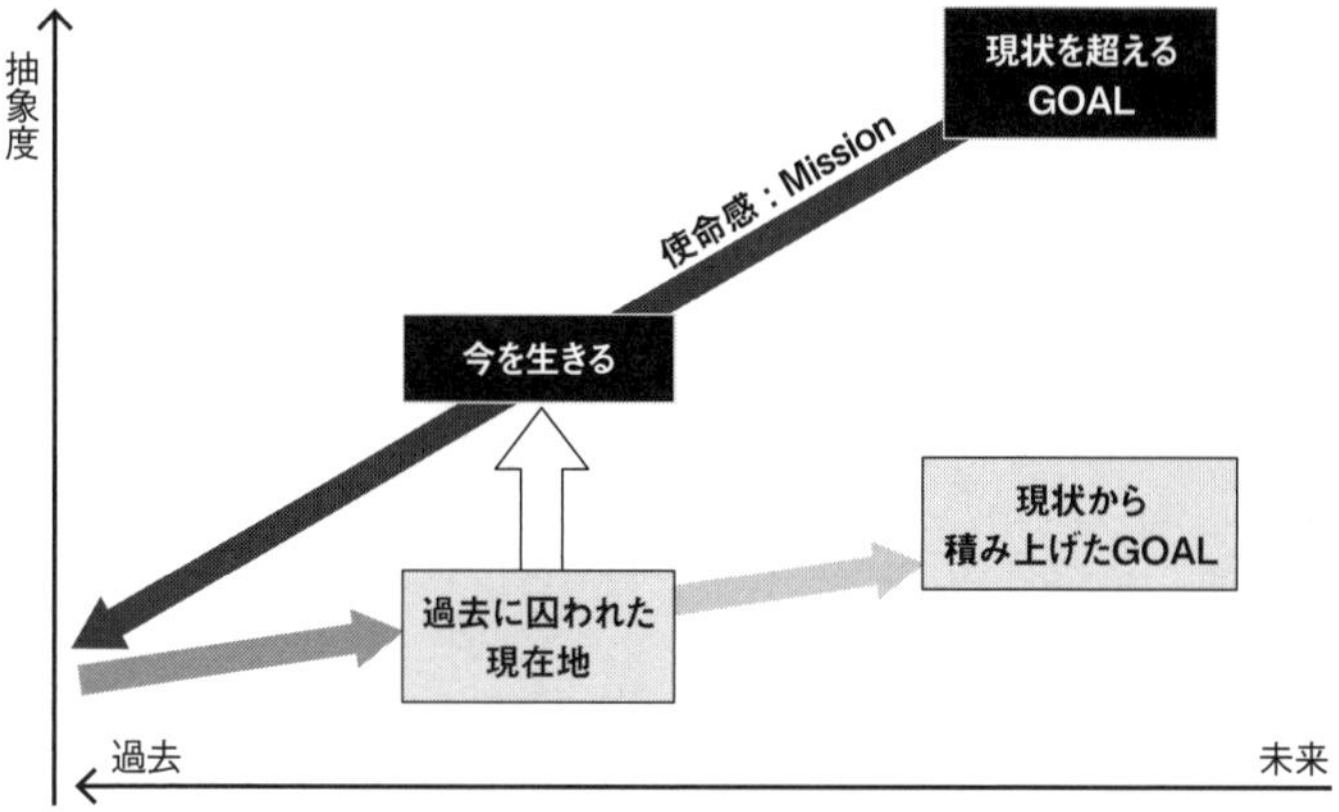

決まります。そして、現在の捉え方が原因となり、結果として過去の認識が決まります。

この考え方は、特殊相対性理論以降の物理学において、「時間は相対的な座標でしかない」という考え方や、量子力学の観察者効果、未来は振られたサイコロのようにランダムでしかないといった不確定性理論にも、本質的な共通点を見つけられます。

ただ残念ながら、「未だに来てない未来から流れてきた時間は、過ぎ去った過去に流れていく」という当たり前の考え方は、多くの人にとっては天動説と地動説ほどの発想の転換です。それほど私たちは、すべての現象は過去の因果に応じて現在に現れてくるといった過去起点の因果応報に囚われているのです。

過去に囚われたサーカスの象

サーカスの象の話をご存知ですか？

サーカスの象は、小さな頃から鎖につながれて飼育されています。小さい象は、鎖の束縛から逃れようと、何度も挑戦しますが失敗します。そして、多くの失敗の痛みが蓄積され、いつしか逃れようとすることをあきらめます。

その象は大きくなっても、十分に鎖から自力で逃れる力をつけても、鎖の束縛から逃れようとしません。小さい頃からの痛みによる思い込みが、象を束縛しているからです。過去の思い込みや誰かの作った限界により、本来の自分を見失い、自分の可能性を知ることをあきらめているのです。

もしサーカスの象が、何度も挑戦して痛みであきらめた過去を、「これは過ぎ去ったものだ」と理解できたらどうなるでしょうか？　未だに来ていない未来を、鎖から自由な自分だと決めたらどうなるでしょうか？

鎖と自分の過去の思い込みから自由になる象は、時間は未来から流れてきたと実感することができるはずです。自由な未来を決めて、今を生きることができるでしょう。

鎖に囚われた象のように、どうしても私たちは過去からの積み上げで現在の自分を決めています。「過去の失敗が積み重なって今の自分がある。そんな自分が描ける未来はこんなものだ」と過去に囚われた未来を制限しています。

「見たいものしか見ない脳」が見ている視界で、自分を制限しているのです。見ないことにしている99・9％以上の視界にある自分の可能性をあきらめています。

時間は未来から過去に流れます。自分が見たい未来を決めれば、見たい未来に必要な、現在とれる手段が明確になるのです。自分が見たい未来を決めれば、過ぎ去った過去の認識も変わります。**未来を決めるからこそ、現在が作られるのです。未来を決めるからこそ、過去も作られるのです。**

「時間は未来から現在に、現在から過去に流れるもの」と受け入れると、視界がまったく変わります。過ぎ去った過去の失敗や感情に囚われなくなり、未だに来ていない未来を自由に選択できるようになります。

あらゆることに前向きに、建設的に、生産的に取り組む、とても大切な視点です。

▼自分の可能性を広げるリフレクション

未来志向

・現在の認識が過去を作っている出来事を思い出してください。
当時の認識は過去に流れ去ったことを実感してください。

・夕飯は何を食べますか？
時間が流れて夕飯時に決めた未来が流れてきたことを実感してください。

・あなたの明日には、どんな素晴らしいことがありますか？
時間が流れて素晴らしい未来が流れてきたことを実感してください。

こんなこといいな、できたらいいな

自由に妄想するから見える未来

ドラえもんの道具で、あなたは何が一番ほしいですか？　どこでもドア、タケコプター、タイムマシン、それとも、もしもボックスでしょうか？

小さい頃からドラえもんを見て育った日本人には、未来を自由に妄想して、夢を実現している自分にワクワクする時間がたくさんありました。そして、小さい頃にそんな時間を持てたことが、日本人が世界で競争力を発揮する基盤となっていると私は思います。

しかし残念ながら、夢を見失った大人や社会と接する機会が増えるにつれて、未来を自由に妄想する、夢を実現した自分にワクワクする時間を多くの人が失っています。

「夢みたいな話には意味がない」
「現実を見ろ」
「できっこない」
「言ったことだけやっていればいい」
「誰もそんなことやってない」
「今まで誰もできなかったし、これからもできない」
「おまえには無理」
「できが違う、生まれが違う」
「何かを犠牲にしないと何も得れない」
「危ない」
「恥ずかしい」

などなど……。夢を見失った大人は、言葉のゴミを投げています。これまで自分自身がゴミのような言葉を投げかけられ育ち、ゴミを心に溜めてきたのでしょう。そして、溜めたゴミを投げるようになったのです。

「見たいものは見える脳」の仕組みを紹介しましたが、人は見たいものしか見ません。そして、人は自分らしいと思っている行動しかとりません。

「夢を見たい」と思わない限り、夢を実現する手段に脳は気づきません。「夢を実現する自分こそ自分らしい」と思わない限り、夢に向かう継続した行動にはつながりません。

夢を見失ってゴミを心に溜めると、心から見たいものを見失います。夢を見失ってゴミを心に溜めると、心から望む自分らしさを見失います。

ドラえもんを見て育った子どもの頃を思い出して、心から見たいもの、心から大事にしたいものをリフレクションすることが大切です。

1人1人大切にすることは違いますし、心から大事にしたいことは決して1つに絞ることはできません。家族も、仕事も、自分の健康も、趣味も、学びも、友人関係も、地域や社会との関係も、もちろんやりたいことを実現するためのお金も、『ドラえもんのうた』の歌詞にある「こんなこといいな」というように、心から見たいもの、大事にしたいものを多面的にリフレクションすることが大切です。

一切の制約なく多面的な夢を描く

多くの日本人は仕事に真面目で、仕事以外の多くを犠牲にする中で、自分の見たいものを限定してしまいます。家族や自分の健康、趣味を犠牲にしている人が少なくありません。脳は意識的には1つしか集中できないので、1つを得るには何かを犠牲にしないと得られないと思い込んでいるのです。

しかし、脳は超並列処理でマルチタスクが可能です。この本を意識的に読まれているあなたも、同時に脳は無意識に息もしているし、心臓も動かしているし、座っている椅子の感触を感じているし、周囲の変化に気を配っています。意識的に取り扱えることは限られていたとしても、無意識を含めるて私たちの脳は超マルチタスクにさまざまなことに取り組んでいるのです。

大切なので何度も伝えますが、脳は見たいものしか見ておらず、99・9%以上を見ないことにしています。同時に実現する方法も、今は見ないことにしている視界にあります。同時に実現する方法もあるはずだと探すことで、気づくチャンスがあるのです。

大事にしたいものは人それぞれです。1つに絞ることはできません、その必要もまったくありません。ありとあらゆる分野、仕事だけでなく、家族、健康、趣味、友人、学び、資産、地域・社会など、自分が大切にしたい領域で自分の大事なものに意識を向けてください。

つまり、脳の本来持つ力をうまく利用するには、ドラえもんを見て感じていた感情を思い出して、自分が大切にしたいこと、心から実現したいことを、一切の制約なく夢を描くことです。「こんなこといいな！」と子どもの頃のように、心から見たいもの、心から大事にしたいものをリフレクションすることです。

▼自分の可能性を広げるリフレクション

Circles of Vision

・これからの自分に大切な領域を教えてください。一般的には、仕事、家族、友人、趣味、健康、資産、生涯学習、地域・社会などですが、人によって当然ながら違います。自分だけの大切なことを教えてください。

・それぞれの領域で、心から望むことを考えてください。お金も時間も体力も制約がないなら、何をしたいのか、自由に妄想してみてください。死ぬまでにやりたい100のことを決めるように。

・「こんなこと、あんなこと」を実現している自分の未来を想像して、そのときの気持ち・感情を想像してください。

※無料体験:『リフレクションの技術』公式LINEに登録すると、「Circles of Vision」の書き方のビデオ講座、記入シートのサンプルを利用できます(P287参照)。

抽象度を上げて視座を高める

視座が高まると視界が広がる

リフレクションにおいて、理解しておきたい大事なコンセプトが「抽象度」です。私たちは「抽象」と「具体」を行き来してあらゆることに対応しているので、意識していなくても普段から知らず知らずに利用している概念です。ただ、理論として理解を深めることが、リフレクションを実践する上での大きな力になります。

抽象度とは、分析哲学にある考え方の「Levels of Abstraction」が由来で、あらゆる概念や情報を見るときの視座と理解できます。

例えば、我が家にはセキセイインコのピピがいます。ピピは、この世で1匹だけの唯一絶対で具体的な存在です。

ピピを抽象度上げて見ると、セキセイインコとなります。セキセイインコに抽象度を上げると、ピピ以外にも莫大な存在を含むセキセイインコを含む視座になります。セキセイインコを抽象度を上げて見るとインコです。セキセイインコ以外のインコを含む広い視座になります。インコの上は鳥類で、さらに莫大に存在する視座になりました。

さらに上げていくと鳥類、動物、生物といった視点で視座を上げていくことが可能です。

視座が上がるにつれて、階層が上がるにつれて、含まれる概念の範囲が広がります。一方で、どこまでも視座が上がっても、最初のピピはいつまでも含まれます。これが抽象度の概念の特徴です。

山を登ったときに見える視界に例えることもできます。麓にいるときにはお土産屋さんなどの詳細な情報が見えています。それが山を登るにつれ、具体的な解像度は下がりますが、視界が広がります。麓の具体的な景色は見えませんが、麓も含めたより広い視界となります。そして、麓では見えていなかった遠い先にある別の山や川が見えたりします。

抽象度を上げた視座を得ると、今まで見えなかった視界に気づくことができます。

▶阪神ファンと巨人ファンの視座を上げると……

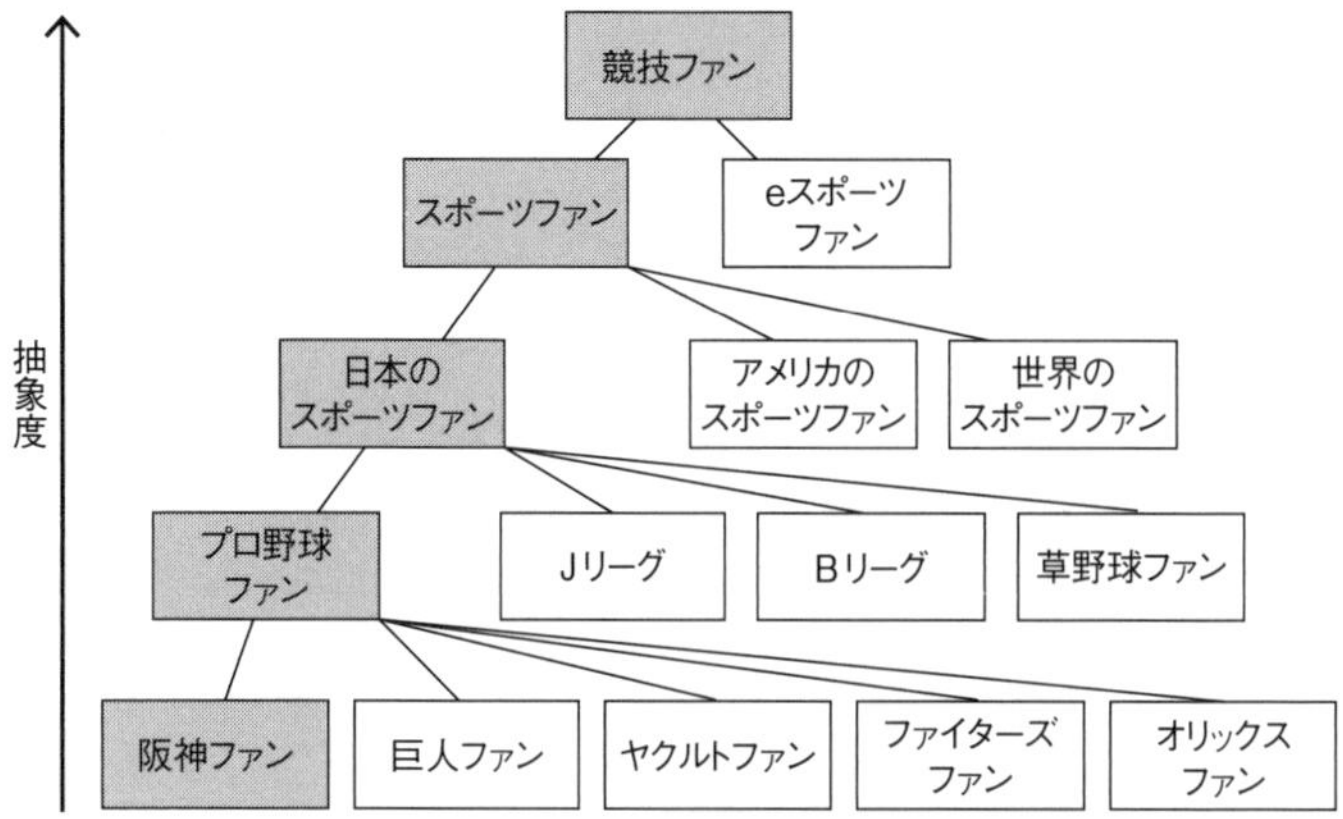

あらゆる課題、問題や争いは、抽象度を上げて、高い視座から見るから、低い視座では見えなかった解決の糸口が見つかります。

例えば、阪神ファンと巨人ファンはお互いを永遠のライバルとして、プロ野球での優勝争いの視座では水と油のように交わることがありません。

ただ、より抽象度の高いプロ野球ファンとしては、同志として共通の目的を持っています。例えばJリーグよりも野球がより盛り上がるために、同じ目的を共有できます。

プロ野球ファンとJリーグファンでも、それぞれのスポーツの視座ではライバルです。ただ日本のプロスポーツの視座では、ワールドカップやWBC、オリンピックで他国のチームに勝利する共通の目的を共有できます。

視座が高まると盲点が消える

あらゆる争いや課題に、抽象度の概念が利用できます。抽象度が低く視座が下がっていると、目の前の手段にこだわり、争いや問題の原因となります。抽象度が上がり視座が高まり、本来の目的に意識が向くと、争いや問題を解決するために創造的な手段も見えてくるのです。

独りよがりの欲望や煩悩も、抽象度が上がり視座が高まると、まったく違う視界が広がります。自分だけお腹いっぱいになるという視座から、自分の家族がお腹いっぱいになるという視座へ。そして、親戚中、町中、国中、アジア、世界から飢餓をなくすという視座に高めることが可能です。

どこまで抽象度が上がっても、自分の欲求・煩悩は含まれています。抽象度が上がる、視座が高まるというのは、**自分を含むより大きく高い視座なのです。自分を除いた異なる視点ではありません。**

私たちはどうしても目の前のことだけに視座が固定されてしまい、抽象度が下がった具体的

▶「利他の世界」につながる高い抽象度

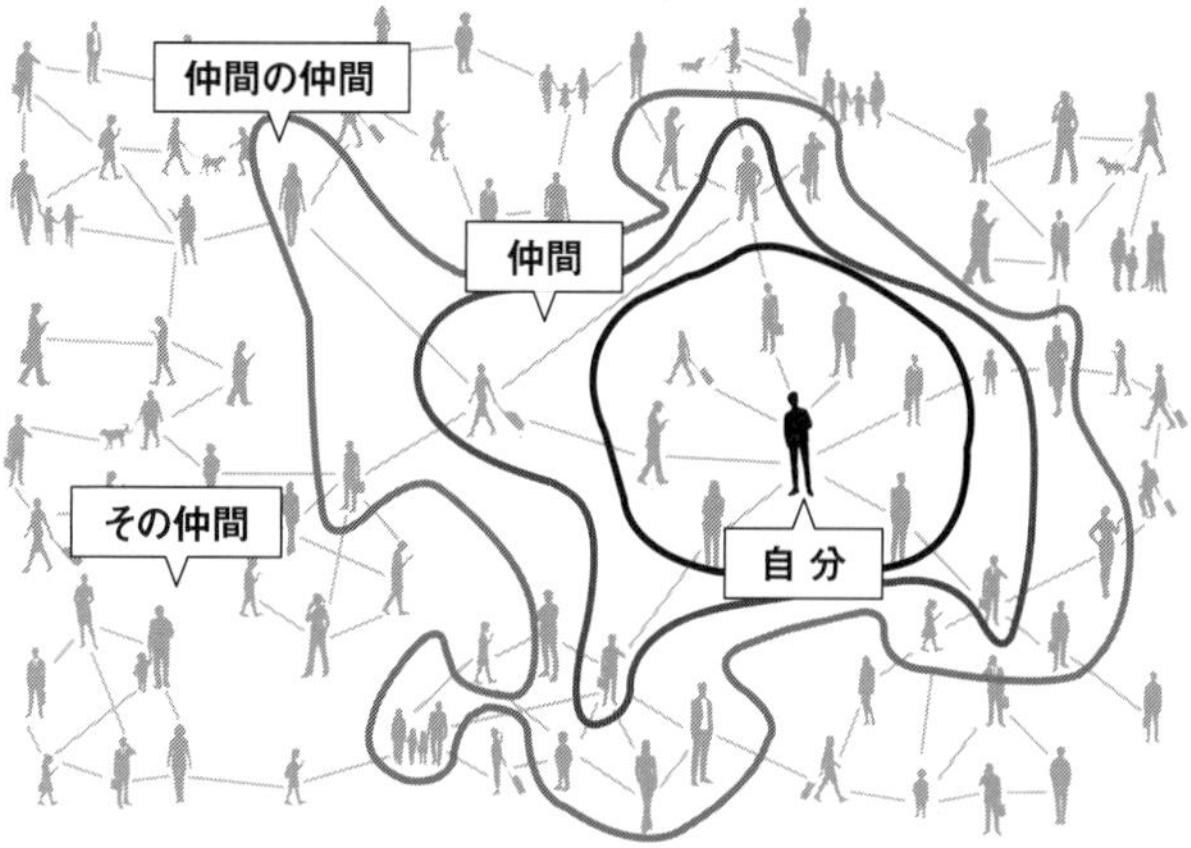

なことに執着して囚われる傾向があります。そのような傾向があることを知り、常々高い視座で物ごとをリフレクションする訓練がとても大切です。

今の自分の欲求、欲望に正直にリフレクションするのは手段として有効です。その上で、自分だけではないより抽象度の高い欲求・欲望が「利他の世界」につながります。

利他の世界に自分はもちろん含まれます。利他の他とは自分を除く他ではなく、抽象度高く自分も含む他であると私は考えます。

▼自分の可能性を広げるリフレクション

抽象度

・目の前にあるものを選んで、抽象度を上げてみてください。ボールペン→筆記用具→文房具→オフィス用品→道具、など。
・自分だけの立場だけではなく、大切な人の立場で物ごとを考えてみましょう。
・より高い視座を持って、自分のゴールの抽象度を上げてみてください。

恐れるぐらいの夢じゃないと、夢とは言わない

無意識が制限する現実的なゴール

時間の流れでも言及しましたが、私たちの多くは過去に囚われて、過去に生きています。過去からの積み上げで今があると考えているのです。過去の成功や失敗が自分を作るといった過去に囚われて、今の自分やこれからの自分を無意識に制限しています。今までの経験から自分の実力を判断し、そんな自分が妥当だと思える、現実的な範囲のゴールしか目指さなくなっているのです。

これは、先述した鎖につながれた象の発想です。「見たいものは見える脳」を持つにもかかわらず、今見ているごく限られた0・1％以下の抽象度の低い視界でしか物ごとを判断してい

ないということです。手の届くところにある99・9％以上の視界を見ないことにしています。

今まで見てきたごく限られた0・1％以下の視界の中には、無意識に制限されたゴールしかありません。つまり、自分ではない誰かが作ったゴールです。あなたの本来の可能性が発揮されるゴールではないのです。

「見たいものは見れる脳」をうまく使うなら、手に届くところにある99・9％以上の視界から、心から望むゴールを見つけたくないでしょうか？　見ないことにしている99・9％以上の視界には、あなたの可能性しかありません。

10Xの発想

私はIBMの第一線の法人営業として20年以上勤めました。100年以上続く歴史と伝統のあるIBMでは、毎年の市場の成長率を基に対前年比10～20％といった営業目標が与えられていました。そして、年初に営業目標を達成するための計画を立案し、四半期ごとに進捗を確認するという厳格なプロセスを遂行していました。

「与えられた目標が絶対であり、この年間を通じたプロセスが確実な成果を生むのだ」と当たり前に取り組んでいました。過去の実績に基づいて現状をシビアに理解し、確実に積み上げる現実的な将来設計のプロセスに取り組んでいたのです。

一方で、GoogleやAmazonなどのデジタル・ジャイアント企業ではまったく違う未来志向のプロセスがあると知り、驚愕しました。不確実な未来を、過去の実績から予測するのではない「10X（テンエックス）の発想」です。

目標を、とりあえず現状を超える過去実績の10倍を設定して、実現方法は最初はわからなくても、どうすれば実現できるのかを真剣に考えることが企業文化に浸透しています。

10Xの結果を出せるかどうかよりも、10Xの結果を出すために何ができるのかを考え抜くのです。そして、結果だけではなく、10Xの目標に挑戦することを評価します。挑戦による失敗すら評価する文化です。

10Xの発想は、圧倒的な結果につながる「見たいものは見える脳」の、よりよい使い方です。見ないことにしている99・9％以上の視界に可能性を見つける技術です。10Xを実現する方法があると知って取り組めば、99・9％以上を見ないことにしている視界から脳は手段を見つけるのです。

10Xを目指すから、対前年比10〜20％といった視界では見えない手段が見えてきます。あると知って探すから見える。10Xを実現につながる手段や、少なくとも2〜9Xの成果を出す手段には気づけるのです。

「恐れるぐらいの夢じゃないと、夢とは言わない」

モハメド・アリがよく言っていた有名な言葉です。あなたの夢、ゴールは恐れるぐらい大きな夢、ゴールでしょうか？

▼自分の可能性を広げるリフレクション

10X

・心から望む「10Xな目標」を「Circles of Vision」に書きましょう。
・どうすれば実現できるかと真剣に向き合ってください。
・実現している自分を臨場感高く想像してみましょう。

心から望む自分らしさを作る「アファメーション」

「無意識」に意識的に介入する技術

私たちは多くの自分の行動を「意識的」だと考えがちですが、実は意識的な行動は全体の5％もありません。95％以上の行動は無意識の行動です。呼吸や心臓や内蔵を動かすなど、体の自律的神経の行動も無意識の行動です。

癖・習慣、態度、性格も、繰り返し訓練されて意識を必要としなくなった無意識の行動です。そして、1日に5万回以上、無意識に自問自答・思考をしているとも言われます。

無意識の行動は反射的であり自動的で、意思や努力を必要としません。無意識に記憶された過去の経験により作られた「自分らしさ」を行動基準としています。

嫌いなヘビや虫を見て飛び上がったり、恐怖を感じて鳥肌が立ったり、嫌いな人に顔で感情を表したり、不安なときに目がキョロキョロしたりするといった行動です。

5％以下の限られた意識的な行動は、反応に時間がかかり、意思の努力が必要です。そして、意識的な行動も、脳は無意識に作った自分らしさを判断基準にして行動しています。

意識的に自分らしくない行動を選択することももちろんあります。意思の力を使って意識的に、自分らしくない行動をすることです。

やりたくないことなのに、無理して努力して勤勉になる。心から望んでいないのに、意識的に禁酒してみる。ダイエットに取り組む、などがそれに当たります。

しかし、こうした行動は自分らしさが変わらない限り長続きはしません。三日坊主とは、行動だけを意識的に変えたものの、無意識にある自分らしさに変化がなかったために3日ほどしか続かなかった行動です。

いずれの無意識の反射や意識的な反応も、つながる人を通じて何らかの結果につながります。結果を出すには行動を変える必要があります。行動を変えるには、無意識にある自分らしさを変える必要があるのです。

つまり、行動を変えて結果を出すには、すべての行動の判断基準である無意識にある自分らしさを変えることが本質的であり効果的です。

心から望む自分らしさを言語化する

無意識に作った自分らしさに意識的に介入して変化をもたらす決定的な技術が「アファメーション」、自己宣言です。

アファメーションとは、無意識に意識的に介入する技術です。心から望む自分らしさを言語化し、言語化したアファメーションを日々意識的にリフレクションする方法論です。アファメーションの日々の実践により、心から望む自分らしさを無意識の自分らしさとして同化させることができます。

脳は言語を読むと無意識に映像化して、映像化された姿に感情を抱きます。言語、映像、感情という要因が、無意識にある記憶に強い影響を与え、自分らしさを作るのです。

自分の可能性を最高に発揮している姿をリフレクションして、言語化してください。怖いぐらいに現状を超え、心からやりたいことを、やり尽くしている自分を、多面的にリフレクションしてみましょう。

アファメーションの実践

アファメーションを作成して実践するには注意事項があります。以下の7点です。

①個人的、主体的な文章にする

関係性によって成り立っている世界において、自分がコントロールできるのは、自分のプロセスだけです。自分が主体的に行動できる内容を文章化しましょう。

×「妻に」尊敬されている
◎「私は」妻を愛している

②他人の評価を含まない

心から望む自分らしさを手に入れたあなたは、他人の評価を気にしますか？ 他人ではなく自分自身の評価を基準にしているはずです。他人にどう思われたい、他人よりも優れていたいなど、他人の決める基準に依存していません。自分が決める心から望む自分らしさを文章化しましょう。

×インスタ映えするような国に旅行している

◎新しい出会いと感動のあるさまざまな国を旅行している

③意識を向けたい肯定文で書く

「レモンを思い浮かべないでください」伝えられても、レモンが思い浮かび、口に唾液が出そうになります。否定したいイメージにも脳は反応してしまいます。「過去に囚われたなりたくない自分らしさ」ではなく、「心から望む自分らしさ」を文章化しましょう。

×病気知らずでいる

◎心と身体の健康に感謝している

④実現している自分を現在進行形・現在完了形で表す

「○○をしたい」などの願望を描くと、過去に囚われた脳はどうしても「でもな……」と失敗などの過去の経験に意識が向いてしまいます。「○○している」「○○になっている」など現在進行形、現在完了形により、過去に囚われた脳の介入を排除しましょう。

× 大金持ちになりたい

◎ 提供する高い価値に見合う大きな収入を得ている

⑤感情（うれしい・楽しい・誇らしい・気持ちいい・穏やか）を含める

脳は自動的に言葉を映像化して、感情とともに記憶します。心から望む自分らしさを想像して、あらゆることを実現しているときの感情を含めた言語化が、脳への同化を加速します。

△ 本を出版している

◎ 本の出版を通じて自分の学びを共有できていることが心からうれしい

⑥臨場感と精度を日々高める

アファメーションした自分らしさに臨場感を感じることで、脳はアファメーションした内容を同化していきます。毎日何度でもアファメーションで言語化した、心から望む自分らしさに意識を向ける時間を作りましょう。また、日々刻々と世界は変化していきます。言語化したアファメーションにこだわることなく、日々内容を精査して自分らしさを高めていきましょう。少しでも違和感を感じるのであれば、躊躇なく変更しましょう。

×男に二言はない。初志貫徹

◎朝令暮改

⑦ドリームキラーには教えない

「夢を語ると実現する」のは脳の仕組みからも一理あります。心から応援し合える仲間にあなたのアファメーションを伝えることは意味があります。

一方で、人に伝えることには大きなデメリットがあります。「ドリームキラー」の存在です。「見たいものしか見ない脳」を持つ私たちは、自分が見てきた視界で人の夢も判断してしまいます。残念ながら、悪気がなくてもドリームキラーになってしまう人がほとんどです。人の夢を「現実味がない、前例がない、危険、意味がない」と判断してしまうのです。特に親や家族、権威を感じる人（先生など）には注意してください。アファメーションは自分だけのものです。他人に教える必要はまったくありません。アファメーションの内容は、100％肯定してくれる人にのみ共有してください。

また、特に注意してほしいのが「善意のドリームキラー」です。あなたのことを思い、心から「よかれと思って」夢への挑戦をあきらめさせようとするからです。代表的な存在は親です。そして、他にも権威のある教師や上司なども善意の「ドリームキラー」になり得ます。

ある人はキャリアインタビューで、現実離れしたタイムラインでの将来の希望を尊敬する上司に伝えたそうです。尊敬する上司は、経験と善意からより現実的なタイムラインを指導してくれました。そして、彼女は尊敬する上司から教わった現実的なタイムラインで、将来の希望を叶えることができました。尊敬する上司があらゆる観点で、希望を叶えるために指導や支援をしてくれたと、彼女は尊敬する上司に心から感謝をしています。

これはとても素晴らしい成功事例です。しかし、もし尊敬する上司が脳と心の仕組みを知っていて、現実離れしたタイムラインであっても応援してくれていたらどうなったでしょうか？　当然より多くの挫折も失敗も経験することにはなるでしょう。しかし彼女には、もっと早く希望を叶えることができた可能性もあったのです。

× 権威に盲目的に従い、前例をならう
◎ 自分の直感を大切にして、自分の可能性を守る

参考として、私のアファメーションのサンプルを共有します。「Circles of Vision」というフレームに、多面的な本来の自分らしさを文章で記したものです。より具体的な数々のアファメーションを、大切にしたい領域ごとに抽象的にまとめたものです。

あなたのアファメーションを作成する際の参考になれば幸いです。

▶筆者のアファメーション（Circles of Vision）

自分の内なる障害に打ち勝ち、感性を信じ切り、表現することを心から楽しんでいる（趣味）	自分自身、家族やつながる人たちを信じ切り、愛し切り、心からの安心・安全を守り、穏やかで満たされリラックスした人生を感じ切っている（家族）	認知科学、コーチング理論、仏教の学びとマインドを広め、世界への挑戦を応援する「GC Inner Circle」をリードして仲間を増やし、よりよい社会に役立ち誇らしい！（仕事）
仲間と仲間をつなぎ、友人の挑戦を応援し、世界中に友人の輪が広がりワクワクしている（友人）	**みんなが笑顔で世界に挑戦し応援し合う豊かで安寧な社会（VISION）**	覚悟を持って未来を決めて、ありのままの今を生きることで、つながる人と世界の更なる発展に役立っている（社会貢献）
社会への付加価値とその対価を毎年更新することが当たり前に誇らしい（資産）	毎朝起きるのが楽しみな日々を過ごし、心身ともに健康であることに感謝している（健康）	常に学び続け、つながる人の盲点への気づき、自分の中にある当たり前を社会に伝える楽しみを満喫している（学び）

▼自分の可能性を広げるリフレクション

自己宣言

1. 現状から積み上げではない、現状を超えた心から望む自分らしさをリフレクションしましょう。
2. 大切なものをすべて多面的にリフレクションしましょう。何も犠牲にする必要はありません。
3. 多面的な心から望む自分らしさを言語化したアファメーションを、毎日何度でもリフレクションしましょう。

自分の可能性への挑戦

知らないことはそもそも見えない

人は自分が知らないこと、自分が経験していないことは、難しいことだと考えがちです。あなたも小学生のときには、中学生の勉強ができるとは想像できなかったと思います。自転車に乗るなど今は当たり前のようにやっていることも、何度も無理だと思ったことがあったはずです。そして、あなたが今得意にしているさまざまなことも、経験のない人にとってはとても難しいことなのです。

これは、知識や経験がないことはそもそも見えない、盲点にして見ないという脳の仕組みです。

私はフルマラソンを8回完走しています。1年間の予定でシカゴに赴任した際、貴重な機会を最大限活かすために、「誘われたら断らない（先着順）」を自分との約束事に決めていました。そして、会社のHappy Hour宴会でマラソン・マニアの英国人と友達になり、「シカゴにいるなら国際メジャーの1つであるシカゴ・マラソンを走るべきだ、一緒にやらないか？」と言われたのです。

お客様の期待を超えて毎晩呑んだくれるのが営業だと不摂生の毎日を過ごしていた日々、フルマラソンなんか走りたいと一度も考えたことはなく、到底自分にはできるとも思いませんでした。

数日悩みましたが、やはり「誘われたら断らない（先着順）」は守ろうと思いました。完走を目標とするのでなく、参加することに意義があると言い聞かせ、無理矢理申し込みをしました。

そして、無謀な挑戦を慣れない英会話のネタにし尽くしたことも功を奏して、無謀な挑戦をする自分こそ自分らしいと思うようになりました。マラソンマニアの友人がコーチとして日々の練習や当日も最後まで伴走してくれたのも、あきらめない大きな力になりました。

結果的には途中から歩いたものの無事ゴールにたどり着き、大きな達成感を得ることができました。そしてその後、毎年一度フルマラソンを走ると決めて8年間継続することができたのです。

この経験から私が気づいたのは、体の故障や体の重さなどの身体的なハンデがない限り、「ほぼ誰でもフルマラソンは完走可能」という客観的な事実です。フルマラソンを走ったことがない人が思うほど、フルマラソンを走ることは大したことではないのです。

走ることはストイックに自分を追い込むこと、しんどい、辛いこと。自分を含めた一般人にはマラソンは無理だという強い私の固定観念は大きな錯覚であり思い込みでした。フルマラソンに関する知識がなく、自分の中で盲点にして見ないことにしていただけだったのです。

フルマラソンを完走するには、雑談ができるぐらいの心拍数を保てるとても遅いスピードを、ゆるゆると、ひたすら走ります。その遅いペースのジョギングを科学的に証明されたプログラムに従い週に4回ほどを継続できれば、最初は1〜3kmぐらいしか走り続けられなかったのが、数か月すれば20kmは当たり前に走り続けられ、少し無理をすれば30kmほど走れるようになります。そこまでになると、レース当日には42・195kmを完遂することができます。実際にやってみたら、知らなかったときに思っていたほど大したことではなかったのです。

あなたはまだ知らないだけ

あなたが心から望む、あなたの世界への挑戦も、私のマラソンでの経験と同じです。私がフルマラソンを走れるようになったように、必要なのは知らず知らず植えつけた「できるわけがない」という思い込みを捨てることです。

明確な目的を持ち、科学的に研究され実績のあるアプローチに従い、途中であきらめないように支えてくれる家族・仲間・コーチとともに取り組む。そうすれば、「あなたが心から望む、あなたの世界への挑戦」は実現します。

今、多くの人が、社会の閉塞感から脱出する策を探しているように見えます。強い同調圧力、多様性への不寛容さ、目的意識を見失った前例主義、リーダーシップがないことによる低い生産性などが増幅し、生きづらさを感じます。

「自分にはできるとは思えない」
「身近にロールモデルがいない」
「そんなことできるわけがないと言われた」

そのようなセルフトークを繰り返し、自分の可能性に挑戦することをあきらめる人は少なくありません。そんなあなたも「フルマラソンは無理だ」と思い込んでいた私と同じです。これは脳の仕組みから断言できます。あなたのすべての不安は知識不足の思い込みでしかありません。

あなたにもできるということを、あなたはまだ知らないだけです。

▼自分の可能性を広げるリフレクション

不安に打ち勝つ

・あなたの可能性への挑戦とは?
・何が不安なのでしょうか?
・不安を克服したあなたが見ている景色とは?

第2章
まとめ

- すべての存在は関係性によって成り立っている。あらゆる関係性が自分を定義する。

- 社会につながる結果を自分の生きた価値とすると、あらゆる存在や出来事に意味を見つけられる。

- 時間は未だに来ない未来から現在に、現在から過去に過ぎ去っている。過去は今の自分が決めている。今の生き方は未来が決める。

- 脳は超並列・マルチタスクに動き、多面的に心から望むことを実現する力がある。大切な何かを犠牲にする必要はない。

- 抽象度が上がると、現状からの積み上げの視界からは見えない手段が見える。高い視界を持つから盲点に気がつく。

- 恐れるぐらいの夢じゃないと、夢とは言わない。

- 心から望む自分らしさを言語化する「アファメーション」で、無意識に意識的に介入する。

第3章

今を生きる
——your moment

明日ありと思う心の徒桜、
夜半の嵐の吹かぬものかは

—— 親鸞

▶ **心の鏡に自分自身を映すリフレクション**

・現在の自分らしさを受け入れるとは？
・心から望む自分らしさとは？
・心から望む自分らしさを妨げているのは？

今を「ありのまま」受け入れる

自虐過剰の落とし穴

「最近あったいい出来事、新しい出来事を教えてください」

そのように言われてみて、あなたは何が思い浮かぶでしょうか？

「いいことなんて何もない」「悪いことが数え切れなく思い浮かぶ」「急にそんな質問をされても記憶にない」など、戸惑ってしまう人が少なくありません。何事に対してもネガティブな自分を自覚して恥じる人もいます。

よい出来事よりも悪い出来事の記憶が先に浮かぶのも、脳の仕組みです。脳は悪い出来事や過去の失敗を優先的に記憶します。それは、動物に備わっている生存本能や自己防衛本能によるものです。危険を避け、種をより安全に維持・保存するための本能なのです。

新しい変化に気づかないのも、現状維持を優先する脳の仕組みです。現状を維持したいと変化を避ける脳が、新しいことを見ないことにしているのです。


それに加え、日本独自の社会環境も障壁になっています。

謙虚が美徳とされる日本人は、謙遜したり自分を卑下することが当たり前の文化で育っています。他人と比較して、懸命にできない自分を探します。自分ができていることを率直に認められない空気があるのです。

強力な同調圧力の中で、他人と違うことや目立つことを避ける人も多くいます。前例主義に縛られて、新しいことや人と違うことへの挑戦をすることに対しての強い抵抗があるのです。

多様性の限られる社会で、人と違うことは「価値」ではなく「欠点」と捉えられます。

こうした日本独自の社会環境が、「よいこと」「新しいこと」に目を向ける障壁となっているのです。

日本の素晴らしさは世界をさらに豊かにできる

日本に対しての一般的な評価もいい事例です。「日本は終わっている」などと、悪いところばかりが注目されています。当然恥ずべきことや改善すべき点はたくさんあります。

一方で、本来誇るべき日本の素晴らしさが見失われています。日本は今でも世界第3位の経済大国です。第二次世界大戦の敗戦国にもかかわらず、一時はアメリカを脅かす経済の発展も経験しました。そして世界一とも言えるほどに豊かで安全な国作りを維持しています。

他にもノーベル賞受賞者数、オリンピックメダルの数、W杯での戦歴、世界シェア・ナンバー1の製品などなど、多様な国際的な基準で競争力を発揮している客観的な事実も数多くあります。

また、日本社会で当たり前になっている環境は、海外では貴重で容易には手に入りません。警官に殺される人がいない、暴動がない、子どもから目を離しても誘拐されない、小学生が1人で安心して外出できる、落とした財布も届けられる、酔っ払って道で寝ていても危害を加えられない、深夜まで女性1人でも安心して出歩ける、深夜でも電車で安全に帰宅できる、保険がなくても医療が受けられる、生活保護により最低限の生活は確保できる、美しい街、安心、安全、規律、容易に壊れない商品、心のこもったサービス、一手間も二手間も加わった料理など、限りなく日本の素晴らしさは見つかります。

しかし、脳の仕組みと日本の社会環境により、多くの人たちが日本の素晴らしさを見失っています。日本の悪いところ、駄目なところばかりに目を向けているのです。

現在地を正しく知る

心から望む目的地に正しく向かうには、目的地を知るのと同様に、今の現在地を正確に知ることがとても重要です。正確に現在地を知るからこそ、目的地にたどり着ける道が見つけられるのです。

例えば、富士山に登るという目的地に対して、本来は5合目まで来ているにもかかわらず、現在地を2合目だと誤解しているとどうなるでしょうか？　無駄な準備、無駄な活動など、山頂までにやるべきことを見誤ることになります。日本の素晴らしさが見えていない日本人が、特に陥りがちな脳の罠だと言えます。

一方で、本当はまだ5合目にいるにもかかわらず、すでに7合目にいると自信過剰になることも問題です。山頂までにやるべきことを過小評価してしまいます。私の経験ではアメリカにはこのような課題を持つ人が、日本と比べて圧倒的多数です。

5合目にいることをいい悪いと評価する必要はありません。5合目にいるという事実を、感情的に一喜一憂する必要もありません。山頂を目指すには、ありのままに5合目にいると理解することが大切なのです。脳の仕組みを理解して、偏ってしまう視点をニュートラルにすることが建設的で生産的です。

私のリーダーシップ・プログラムでは、冒頭に参加メンバーでそれぞれの最近あったいい出来事、新しい出来事「Good and New」を共有してからセッションを開始します。ネガティブに偏りがちな無意識に意識的に介入する機会の1つとしているのです。自分にはない多様な視点を知る利点もあります。そして、参加メンバーの人となりをよく知るチームビィルディングにも役立ちます。

無意識に見失っている自分自身のGood and Newに普段から意識を向ける。無意識に意識的に介入する機会を習慣化として、個人や組織で取り組むことをおすすめします。

▼自分の可能性を広げるリフレクション

Good and New

・最近あったいい出来事、新しい出来事を教えてください。
・その出来事はあなたの未来にどんな意味がありますか？
・これから何をしますか？

無意識に意識的に介入する方法

脳の95%以上の働きは無意識

人間自身の活動を「インプット・プロセス・アウトプット」と単純化すると、「プロセス」を担うのが脳の動きであり、心の動きです。

脳には意識できる働きと、意識せず無意識に取り組んでいる働きがあります。私たちが普段意識できている意識的な脳の働きは全体の5%にも満たないと言われています。圧倒的な残りの95%以上の脳の働きは無意識の働きです。

無意識の働きは超高速の自動運転で、脳への負荷がほとんどありません。インプットとして得た情報を、無意識の中にある記憶と、無意識に作った「自分らしさ」という行動基準に基づいて、自律的に自動的に、高速であらゆる行動につなげます。

例えば、呼吸を早めたり遅くしたり、汗をかいたり、気配を感じたり、癖、習慣、態度や性格などがそれにあたります。繰り返し訓練された行動である、自転車に乗る、車を運転する、九九を暗算する、武道やスポーツで訓練された技術、音楽を演奏する、なども多くは無意識の働きです。

無意識の行動には努力は必要ありません。無意識の中に作っている自分らしさに基づいた、努力を必要としない無我夢中の行動です。アスリートの「ゾーンに入った」状況というのは、この無意識の力を最大限に活用している状態です。鍛え上げた力を無我夢中に最大限に発揮しているのです。

一方で、意識的なプロセスは低速で、負荷がかかる意思の努力が必要です。具体的には①知覚、②照合、③評価、④判断という、4つのステップを通じてプロセスされます。意識的な4つのステップは、無意識にある記憶や自分らしさに密接にかかわってプロセスされています。

▶脳と心の仕組み

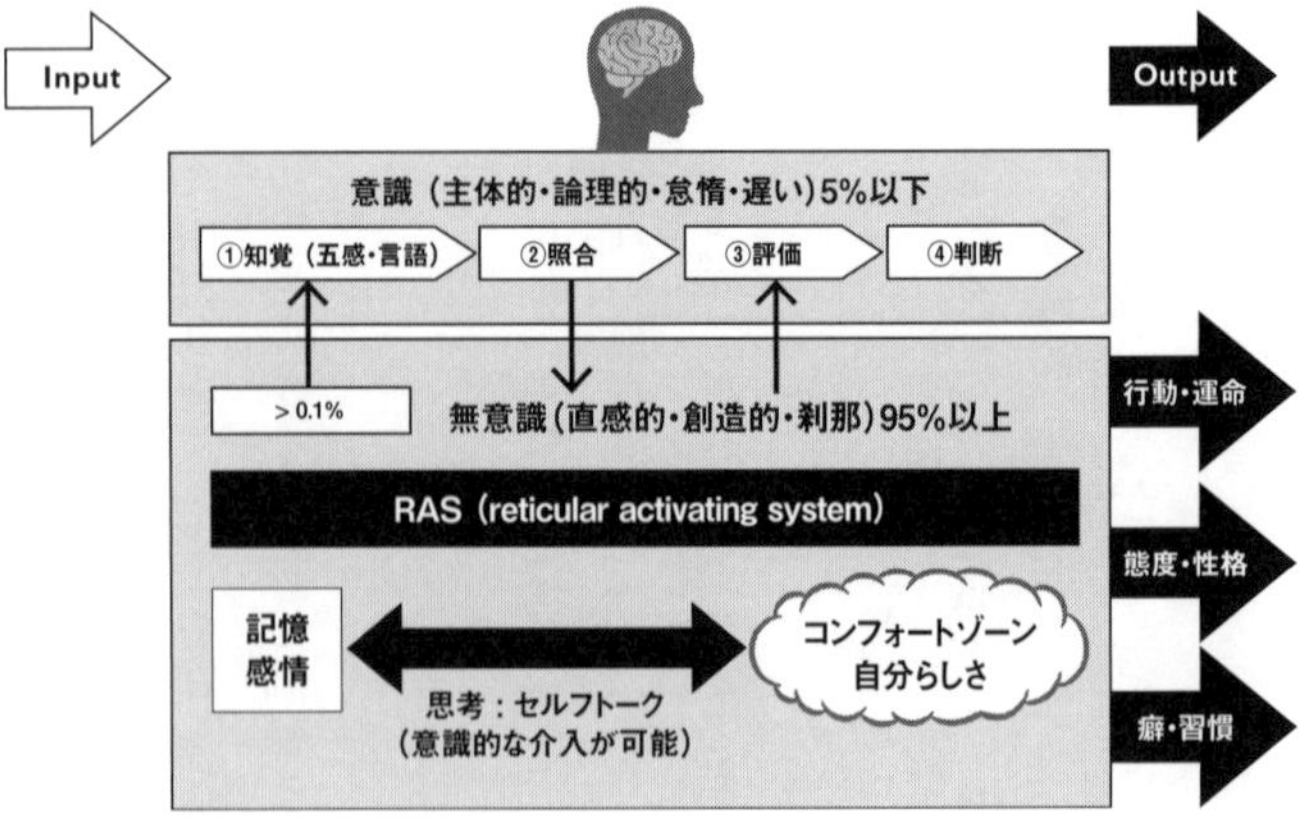

意識的なプロセスは、「インプット」となるさまざまな情報を五感（視覚・聴覚・触覚・味覚・嗅覚）を通じて①知覚することから始まります。「見たいものは見える脳」はこの知覚に大きな影響を与え、自分にとって見たいと思う0・1％にも満たない「インプット」だけを意識的に①知覚します。そして、99・9％以上の「インプット」は必要ないと見ないことにしています。そのときに何を大事だと思うかによって、①知覚されるものが動的に選択されています。

①知覚されたインプットは、無意識に保存された過去の記憶と②照合され関連づけされて理解されます。②照合され関連づけされたインプットは、過去の記憶と無意識に作っている自分らしさという判断基準を基に③評価さ

れます。そして自分らしさという評価基準をもとに④判断されて、行動として「アウトプット」につながります。

無意識に作った自分らしさがすべての行動基準

無意識でも意識的でも、いずれにしても脳がプロセスする際の判断基準は、「無意識の中に作った自分らしさ」です。「無意識に作った自分らしさ」に則り、95％以上は無意識に行動され、5％以下は意識的に判断されて行動されています。「無意識に作った自分らしさ」という判断基準が、あなたの行動を決めています。

何事でも、できると感じる自分らしさがあれば、あきらめずできる方法を探し出します。そして、できるまでやり続けます。

一方で、できないという自分らしさであれば、できない理由・言いわけをすぐに見つけます。そして、やらないし、すぐにあきらめてしまいます。

つまり、無意識を鍛え磨くことが、あなたのすべての行動に大きく影響を与えます。無意識に意識的に介入することが、あなたの運命を決めるということです。

無意識の呼吸に意識的に介入する

無意識に意識的に介入するリフレクションの手段はいくつもあります。本書でも紹介している、アファメーション、ビジュアライゼーション、セルフトーク（後述）が代表的な技術です。中でも最も簡単で手っ取り早い手段が「呼吸」です。

３６５日24時間、寝ている間も無意識にしている呼吸は人間の生命活動の根源です。数日寝なくても、数日絶食しても、生涯にわたって生殖活動をしなくても人は死にません。ただし、10分でも呼吸を止めてしまうと人は死んでしまいます。

そして、呼吸はとても簡単に意識的に介入が可能です。数分止めてみたり、ゆっくりした呼吸、急いだ呼吸など意識的に介入することが可能です。

東洋の禅から発展し、欧米で流行っている「マインドフルネス」は、「意識的な呼吸」に取り組みます。スティーブ・ジョブズやシリコンバレーの起業家たちがこぞって取り組んだことで広まりましたが、今では医学的に科学的に脳のパフォーマンスを高める手段として定着しています。

私が米国ＩＢＭで働いていた際には、健康保険組合がマインドフルネスを積極的に推奨していました。今、アップル・ウォッチやFitbitにもマインドフルネスをトラッキングする機能が組み込まれています。現実的なアメリカ人は、わずかな時間でも意識的に呼吸をするマインドフルネスに取り組むことが、科学的に生産性を上げる手段だと知って実践しているのです。

社員のメンタルヘルスを改善して会社の医療費負担を下げるため、より生産性高く仕事をする社員を養成するためにマインドフルネスが活用されています。本来は悟るための禅の瞑想が、欧米では煩悩を追求して生産性を上げる手段として定着しているのです。

生産性向上などの煩悩に囚われたアメリカのマインドフルネスの目的は、視座が低いとは思います。しかし、脳のパフォーマンスを明らかに向上させると科学的に証明されている技術を、効果的に実践的に活用する姿勢は見習うべきだと思います。科学的な効果を理解して、無意識に意識的に介入するリフレクションの１つとして、実践的に取り組むことをおすすめします。

▼自分の可能性を広げるリフレクション

マインドフルネス

・呼吸を意識的に観察してみましょう。あなたはどんな呼吸を普段していますか？

・１分でいいので、静かな場所で目をつむり、リラックスしてゆっくりと意識的な呼吸に取り組んでください。

・「何かあったら深呼吸！」を心がけてみましょう。

「自分らしい行動」に力は発揮される

「コンフォートゾーン」は抜け出ると戻される

人間は無意識に自分らしさを作っています。無意識に作った自分らしさは、あらゆる過去の経験を通じた感情の記憶によって作られています。

例えば、過去に経験した喜びの記憶が、同様の喜びを求める強い力になります。一方で、過去に経験した痛みや恐怖の記憶が、同様の痛みや恐怖を避ける力になります。過去に経験した恥ずかしさの記憶が、同様の恥ずかしさを避ける力になります。

そして、「自分らしさを守る脳」は、無意識に作った自分らしさを根源的に維持するために力を発揮します。そのため、自分らしいと思える行動には、努力を必要とせず、リラックスして反射的に自動的に本来の力を発揮することができます。

ここで「自分らしい環境」について考えてみてください。無意識に「居心地がいい」と感じている環境です。英語では「コンフォートゾーン」と呼ばれます。コンフォートゾーンにいることでリラックスでき、本来の力が発揮できます。サッカーでホームゲームとアウェイゲームで勝ち点に差が出るのがいい事例です。日頃慣れしたんだホームゲームは、多くの選手にとってのコンフォートゾーンです。リラックスして本来の実力を発揮できます。普段から慣れ親しんだ行動には、あなたも大きな自信を持って本来の力を発揮できるのと同じです。

反対にアウェイでは、不慣れな環境への緊張で、本来のパフォーマンスを発揮しがたくなります。自分らしくないと考える環境に緊張して、いつもなら簡単にできる行動も簡単にできなくなるのです。

このように、チームとして俯瞰的な視野や戦略遂行能力が必要となるサッカーでは、ホームとアウェイでのパフォーマンスの差が勝敗として顕著に表れます。よって、ホームの利点が考慮されているのです。

「ぬるま湯のようなコンフォートゾーンから抜け出せ！」といったアドバイスをよく聞きますが、前述の通り脳はコンフォートゾーンを根源的に維持するようにできています。コンフォートゾーンを外れて無理に背伸びをした行動に置かれると、人は緊張してしまい、思うようなパフォーマンスが発揮できません。努力をして一時的にぬるま湯を抜け出しても、脳はコンフォートゾーンに戻す強力な力を発揮します。自分らしくない努力を決意しても、三日坊主で終わってしまう仕組みです。

「自分らしさを守る脳」をよりよく活用してパフォーマンスを発揮するには、まずは自分らしいと思える行動をとることです。

自分のホームであるコンフォートゾーンで勝負するということです。慣れ親しんだ環境での慣れ親しんだ行動は、当然のように無理なく本来のパフォーマンスが発揮できます。家族や親しい友人と行動したり、自分らしいルーティンで何事にも取り組んだり、落ち着ける環境で創作活動したり、といったことです。

新しいコンフォートゾーンを作る

しかし、現在の自分らしい行動とは、「見たいものしか見ない脳」に制限されて作られています。現在の自分らしい行動だけでは、「見たいものしか見ない脳」が見失っている99・9％

以上の視界にある自分の可能性を十分に発揮することができません。

そのため、「自分らしさを守る脳」を活用して、現状の自分にとっては自分らしくない挑戦に取り組むためには、新しいコンフォートゾーンを作ることが効果的です。

コンフォートゾーンは抜け出るのではなく、新しく作るのです。抜け出る現状のコンフォートゾーンをリフレクションするのではなく、心から望む自分こそ自分らしいとリフレクションするのです。


新しいコンフォートゾーンの臨場感が高まると、現状のコンフォートゾーンが自分らしくなくなります。新しいコンフォートゾーンこそ本来の自分らしさとなります。そして、「自分らしさを守る脳」が、新しいコンフォートゾーンにある心から望む自分らしさを維持するために、必要な手段に創造的に気づき、実現できるまであきらめない力を発揮します。


心から望む自分らしさ、新しいコンフォートゾーンを作るのがリフレクションです。

そして、多くの人がすでに取り組んでいる「ビジュアライゼーション」がリフレクションの技術の1つです。別の言葉に言い換えると、リハーサルでありイメトレです。ここ一番の試験には、事前に試験会場を下見しておく。本番で成功する自分のイメージを作る。本番を意識したリハーサルでの練習を徹底的に行なう、といったことです。

不慣れな環境が、リハーサルやイメトレのおかげで克服できた経験はみなさんにもあるものではないでしょうか？　リハーサルやイメトレによって、不慣れな環境が自分らしいコンフォートゾーンになったので、「自分らしさを守る脳」が本来の力を発揮したのです。

自分の可能性を広げるリフレクション
コンフォートゾーン

・あなたが好きな自分らしさとは？
・あなたが嫌いな自分らしさとは？
・あなたが実現したいことを実現している心から望む自分らしさとは？

自分らしさを知る羅針盤「セルフトーク」

1日に5万回以上、頭の中で話しかけている

思考に気をつけなさい、それは、いつか言葉になるから。
言葉に気をつけなさい、それは、いつか行動になるから。
行動に気をつけなさい、それは、いつか習慣になるから。
習慣に気をつけなさい、それは、いつか性格になるから。
性格に気をつけなさい、それは、いつか運命になるから。

マザー・テレサの言葉として知られる名言です。
思い通りにいかないことも多い人生ですが、そんなとき、どんな言葉が頭に浮かんでいます

か？　次のようなことでしょうか。

「やっぱり俺は駄目な奴だ」

「最悪」

「あいつが悪い」

「政治が、社会が悪い」

「みんな間違ってる」

「恥ずかしい、親や友達に合わす顔がない……」

「前も同じ失敗をした。これからも同じ失敗をしそうだな」


実は、人間は1日に5万回以上、頭の中で自分自身に話しかけています。朝起きて「もうちょっと寝たい」など、単なる感想、自分や他人への評価、批判、悩み、焦り、怒り、嫉妬、励まし、自問自答などなどです。心の中の正直な自分との会話で、これは「セルフトーク」と呼ばれています。

セルフトークは、現時点の自分らしさを反映した言葉が無意識に脳内で発せられているので、普段はほとんど自覚していません。そして、無意識のセルフトークは、残念ながら生存本能や自己防衛本能の影響で、基本的にネガティブな言葉です。現状を頑なに維持したり肯定しようとする言葉や、本当はやりたくないことへの言いわけなどを創造的に発しています。

例えば、次のようなものです。


「危なさそうだから、やめておこう」

「前も痛い思いをしたから、やりたくない」

「わかっているけどやめられない」

「失敗したら恥ずかしい」

「会社に行きたくない！」

「デザートは別腹、ダイエットは明日から！」

「そんなことを言われると、やる気をなくす……」


無意識に発せられているセルフトークは、現状の自分らしさと密接な相互関係があります。現状の自分らしさを反映してセルフトークが発せられ、発せられたセルフトークが自分らしさをさらに強固にします。そして、その自分らしさを維持するためのセルフトークがまた発せら

▶無意識のセルフトークへの意識的な介入

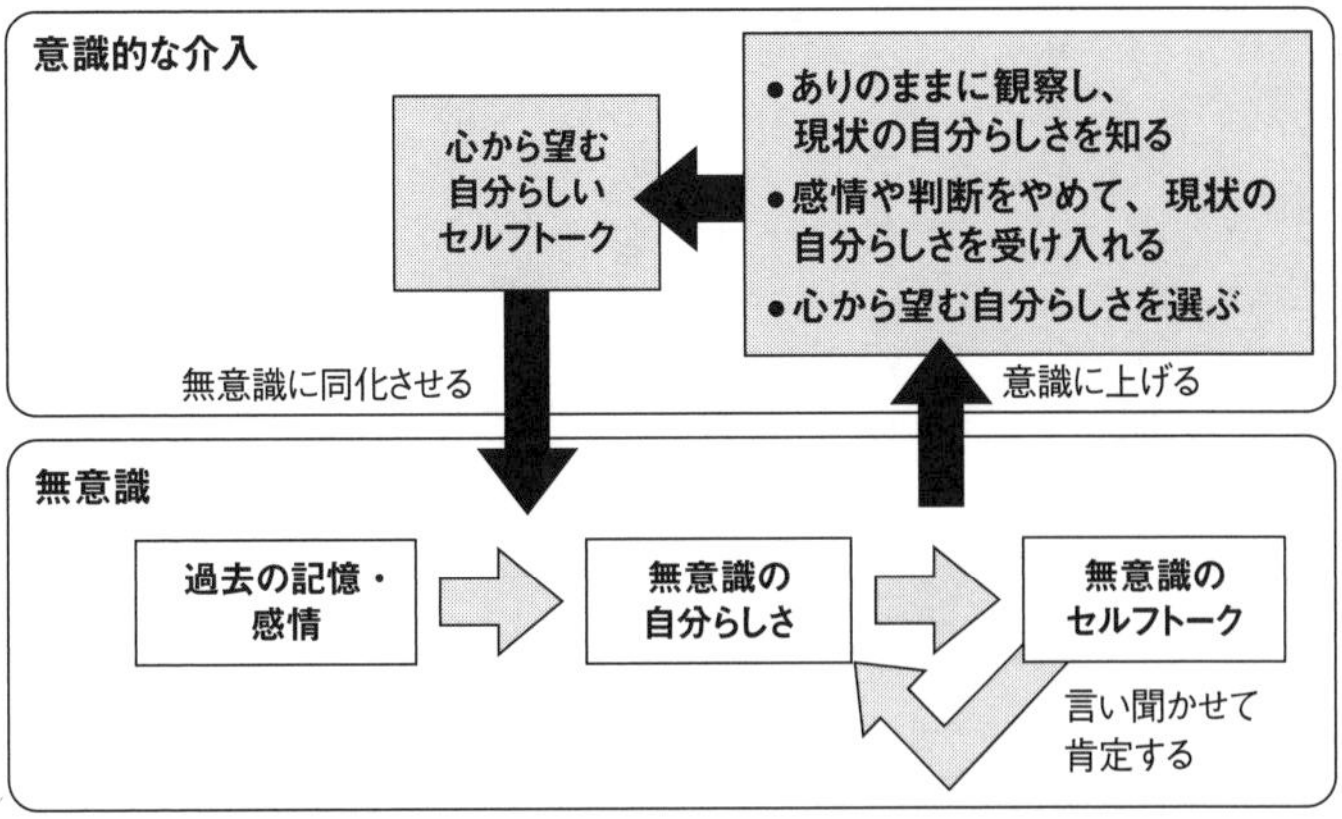

れるといった循環関係です。

建設的なセルフトークに意識的に置き換える

この無意識のセルフトークを意識的にリフレクションすると、最高のパフォーマンスを発揮できる心から望む自分らしさを作ることが可能になります。

つまり、無意識のセルフトークを意識的に観察して、今の自分らしさを受け入れる。そして、心から望む自分なら言うであろう建設的なセルフトークに置き換え続けるのです。

建設的なセルフトークは、無意識に作った自分らしさを置き換えていきます。心から望む自分らしさに意識的に変化していくのです。自分らしさが変わるから行動が変わり、結果につながります。

何か失敗をしたとき

「俺って最悪、駄目なやつ……」

⬅

「こんな失敗するなんて自分らしくない、次はどうしよう!」

目標を達成したとき

「やったー!」だけではなく、

「さすが俺。でも、俺ならもっとできる」

⬅

誰かにほめられたとき

「いえいえ、たまたまの偶然です」

⬅

「ありがとうございます!」

朝起きたとき

「会社に行きたくない……」

⬅

「今日も素晴らしい1日だ！」

新しい挑戦をするとき

「失敗したらどうしよう」

⬅

「俺ならできる！　やればできる！」

無意識のセルフトークは、今ある自分らしさをリフレクションして、無意識に発せられます。この無意識のセルフトークを観察することで、今の現在地を知ることができます。目的に向かって、いい悪いの判断と感情を切り離して客観的に受け止めることが大切です。

その上で、最高のパフォーマンスを発揮している心から望む自分らしさを意識してください。

そんな自分なら言うであろう建設的なセルフトークに、意識的に置き換えるのです。建設的なセルフトークが無意識に介入して、心から望む自分らしさを作ります。最高のパフォーマンスを発揮する自分になれます。

現状の自分らしさから発せられる無意識のセルフトークは、現在地である現状の自分らしさを知り、目的地である心から望む自分らしさへの道のりを支える羅針盤になるのです。

▼自分の可能性を広げるリフレクション

セルフトーク

・今の自分らしさが発しているセルフトークを観察してください。
・セルフトークをポジティブ・ネガティブと一切判断せずに、あるがままに観察して受け入れてください。
・心から望む自分らしさがあれば、どんな建設的なセルフトークをするでしょうか?

ポジティブの落とし穴

ポジティブである判断基準とは？

「コップの水はもう半分しかではなく、まだ半分も入っている」
「靴を履く習慣のない僻地で靴は売れないと嘆くのではなく、これから靴を必要とする人たちが大勢いる」

コロナ禍、戦争、円安、デフレ、リストラ、少子化、思うようにいかない苦しい出来事も、捉え方次第でポジティブな考え方はできる。何事も捉え方次第、どうせなら楽天的に前向きに、ポジティブに物ごとを考えていくことが大切。すべては自分の考え方次第、何事もポジティブに考える、だからうまくいく。

多くの人がすすめるように、何事にもポジティブな側面を見つける視点は大切です。生存本能と防衛本能によって自分らしさを守る脳は、基本的に危険を避けようとネガティブだからです。現状を頑なに守ろうと、新しい変化に抵抗します。「見たいものしか見ない脳」がネガティブな情報を優先的に選択します。そして、ネガティブな視点が、自分の可能性を見失わせていくのです。

見たいものは見える脳をよりよく使い、同じ出来事に対してもポジティブな可能性を見る視点が、建設的な行動に大切です。

しかし、「ポジティブである」とは、何を基準に判断しているのでしょうか？　前向きな感情や、他人からの評価が判断基準なのでしょうか？

そもそも、あらゆることにポジティブでいる必要があるのでしょうか？

建設的な行動に意味がある

あらゆる視点や行動は、心から望む自分らしさに建設的につながるからこそ意味があります。心から望む自分らしさにつながる建設的な視点と行動が大切なのです。

ポジティブであろうが、心から望む自分らしさにつながらない出来事には、本質的には意味がありません。それにもかかわらず、感情や他人の意見など本質的でない出来事に、私たちは悩み囚われています。

例えば、自慢したい、評価されたい、承認されたい、という感情は人が囚われる根源的な欲求です。そのため、どんな人からでも悪口や中傷を受けるのはネガティブな出来事だと悩みます。

しかし、心から望む自分らしくいるために、その悪口や中傷にどんな意味があるのでしょうか？　心から望む自分であれば、そんな他人の悪口や中傷を気にしていないのではないでしょうか。

一方で、どんな人からでも自分に向けられた賞賛や羨望の言葉は、とてもポジティブな出来事だと感じます。しかし、心から望む自分に対して意味のない賞賛は、関係のない出来事です。ポジティブな感情を楽しむことに少しは意味があるかもしれませんが、関係もなく本質的でないポジティブさに囚われていると、もっと大切な建設的な行動の妨げになります。

過ぎ去った出来事にも、私たちは囚われます。今さら変えられない選択や出来事を、いつまでも悔んでしまいます。現状とは異なる選択による存在し得ない想像上の自分の姿と、現状を比べ続けるネガティブな感情を引きずります。

しかし、変えられない過去の出来事に囚われることは、心から望む自分にとってまったく意味がありません。心から望む自分に建設的につながらないからです。

当然ですが、ネガティブに感じられる出来事にも、心から望む自分に意味のある出来事があります。エジソンにとって2万回の失敗それぞれに意味があるのがよい例です。

つまり、他人の評価や自分の感情を基にしたり、過去に囚われたポジティブやネガティブの判断には、本質的な意味がありません。「心から望む自分らしさにつながるのか？」こそが建設的な判断基準になります。

自分の可能性を広げるリフレクション

判断基準

・あなたの悩みごとは、心から望む自分らしさにどのような関係がありますか？
・関係のない悩みごとに、ネガティブであることにどんな意味がありますか？
・関係のある悩みごとには、どのような意味がありますか？

モチベーションはいらない

モチベーションが持つ本当の意味

何事にも三日坊主でやめてしまう。人はそもそも続けられない生き物。モチベーションが湧かない。モチベーションさえあれば。子どものモチベーションを上げたい。組織のモチベーションを高めたい……。

このように、モチベーションを求める声をよく聞きます。しかし実は、心からやりたいことをやるには、脳には外部的なモチベーションは必要はありません。

あなたも子どもの頃に、心からやりたいこと、情熱を持っていることは、止められてもやっていませんでしたか？　心からやりたいことは、寝たり食事をする時間を削ってでも、他のことを犠牲にしても、やり続けた経験がないでしょうか？　例えば徹夜でゲーム、暴飲暴食、携帯中毒、廊下を走る、ＳＮＳ、ツイ廃、など。もちろんもっとポジティブで、情熱的に取り組まれたことも当然のようにたくさんあるでしょう。

自分が心からやりたいと思うこと、よいも悪いも無意識に自分らしいと考えていることは、人は止められてもやり続けます。そこにはモチベーションも努力も必要ありません。続ける自分こそ自分らしいと、無我夢中で続けるのです。それが人間に備わった脳の仕組みです。

つまり、心の底ではやりたくないこと、やらなくてはと義務感を感じていることにモチベーションが必要なのです。

モチベーションを高める手段は長年研究されています。脅す、追い込む、アメとムチ、とりあえずほめる、締め切りを決める、小さく始める、裏切れない仲間を見つける、他人に宣言する、誰かのためにやる、マインドフルネス、ポジティブシンキング、などなど、確かに効果があります。

しかし、やりたくないことである限り、自分らしさを守る脳が邪魔をします。自分らしくないと無意識に感じると、自分らしさを守る脳が創造的に回避する方法を見つけるからです。

例えば、親や上司の無理難題に対しては、できない理由が創造的に湧いてきます。学校嫌いな子どもも、会社が嫌いな社員も、心身ともに病みがちです。学校や会社に行かなくていい理由を、無意識が創造的に作るからです。夫婦仲がよくない家庭の子どもは、両親の共同作業の機会を探して、無意識に創造的に問題を起こし、グレたり病気になることがあります。大きな試合の前で怪我をするアスリートも、心の奥底で無意識に創造的に回避策を見つけている可能性もあります。

つまり、やりたくないことを無理にモチベーションを高めるという行為は、脳の力の無駄遣いです。長くは続かないし、圧倒的に生産性が下がります。脳をよりよく使うのであれば、本当はやりたくないことを無理にモチベーションを高めて、努力してやり続けるのは得策ではありません。心からやりたいことに気づいて、やりたいことを無我夢中にやり続けませんか？

レンガ職人のモチベーション

レンガ積みの職人の話をご存知でしょうか？

ある旅人が、レンガを積む3人の職人との会話を伝えた話です。旅人はそれぞれの職人に「何をしているのか？」と尋ねます。

1人目は「親方の指示でレンガを積んでいるんだよ」と答えました。

2人目は「給料のためにレンガを積んでいる」と答えました。

3人目は「夢だった後世に残る大聖堂の建造にかかわっているんだ」と答えました。

3人のレンガ職人は、みんな「レンガを積んでいる」という行動は同じです。ただし、その目的、そして結果には大きな違いがあります。


1人目と2人目のレンガ職人には、レンガを積むモチベーションが必要です。1人目のレンガ職人は、親方に怒られないようしたいという思いがモチベーションになっています。そのため、より親方の恐怖を感じれば感じるほど、より多くのレンガを積みます。一方で、創造的に親方の恐怖から逃れる方法も探しています。そのため自分や家族の病気や怪我などを無意識に望んで招くこともあります。

2人目のレンガ職人は、お金のためにレンガを積んでいます。より多くのお金がもらえる限り、レンガを積み続けるでしょう。1人目のレンガ職人よりは、生産性を高める自分の目的が

▶レンガ職人の話

作業
レンガを
積み上げている
目的
家族を養うために
大きなレンガの壁を
造っている
夢
歴史に残る
偉大な大聖堂を
造っている
¥

同じことをやっていても
捉え方で仕事のパフォーマンスが変わる

あり効率的にレンガを積むでしょう。しかし、いつもよりお金が稼げる仕事を探しています。他に見つかれば躊躇なくレンガ積みの職人を辞めるでしょう。

そして、3人目のレンガ職人は、心から望む自分の未来を実現しようとレンガを積んでいます。3人目のレンガ職人にはレンガを積むことに外部的なモチベーションは必要ありません。たとえ止められても、たとえお金を払ってでも、レンガを積み大聖堂を造る手段を見つけることでしょう。思い通りにいかないことがあってもあきらめることはありません。

そして、夢である大聖堂を造るために、できる限り早く、より生産的に効率的にレンガを積み上げる手段を見つけます。手段として自分や家族の生活や健康を守り、手段であるレンガ積みに無我夢中で取り組むのです。

3人目のレンガ職人は、1人目や2人目に比べてレンガ積みの仕事で圧倒的な結果を出します。3人目のレンガ職人にはモチベーションは必要ありません。

あなたの目の前のやるべきことは、心からやりたいことですか？　それともモチベーションが必要なことですか？

自分の可能性を広げるリフレクション

創造的回避

・あなたがやりたくない、でもやらなければと思う行動とは？

・何のためにその行動に取り組むのですか？、

・その行動は、心から望む自分にとって手段となりますか？

とにかく笑えれば

脳は体の一部、体が弱れば脳も弱る

脳は学習、思考、分析、記憶、問題解決、意思決定、注意などさまざまな機能をつかさどります。脳の機能が人生のすべての出来事に深くかかわっています。

そんな大事な脳ですが、当然ながら私たちの体の一部です。そのため体が疲れると、脳も疲れます。脳が疲れると体も疲れます。

つまり、脳をよりよく使うには、当然ながら体が資本です。そんな当然のことを私たちはよく忘れてしまいます。脳と体を個別に考えて、脳と体が密接な関係にあることを忘れています。身体的に無理をしても脳は影響がなく働くと思い込んでいるのです。

私は2021年に「脳の可塑性とビジネス」というテーマで、MIT（マサチューセッツ工科大学）のエグゼクティブ・プログラムを受講しました。そのプログラムでも冒頭に取り上げられたのが脳と体の関係であり、体の健康が脳のパフォーマンスに与える影響についてでした。そして、脳の働きを保つために基礎となる身体に必要な5大要素を学びました。

1つ目は睡眠です。欠かすことのできない休息の時間です。24時間365日働いている脳にも当然のように休息が必要であり、そのために私たちは睡眠を取ります。

若いときには睡眠を犠牲にすることは多くあると思います。短期的な結果を得るためには有効ですが、中長期的にパフォーマンスを下げます。徹夜で試験勉強をして、徹夜明けの数日間は頭が使い物にならなかった経験があるかと思います。長期的に継続的にパフォーマンスを発揮するには、しっかりと計画的に休息、睡眠を取ることが大切です。自分の深い呼吸に意識を向けながら「ぐっすりと深い睡眠を取り、毎日リフレッシュして、清々しい朝を迎えるのを楽しみにしている」などのアファメーションを寝る前に試すことをおすすめします。

2つ目は食事です。体によい食事を取ることが、脳をよりよく使うためにも大切です。世の中には健康食品があふれています。自分や家族の生活に合う、自分なりの健康的な食事を見つけることをおすすめします。自分に合う食事は人それぞれですが、日本では昔から伝えられる「腹八分目」は万人におすすめできます。

3つ目は水分補給です。人間は60％以上が水分で形成されています。喉が渇いていると認識する前に定期的に水分の補給が大切です。水分補給を妨げる要因になり得るコーヒーやお酒を抑えることも大切です。

4つ目は酸素吸入を担う呼吸です。人間は5分でも呼吸を止めると死んでしまいます。そんな大事な呼吸ですが、脳は24時間365日のほとんどを無意識に行なっています。普段は無意識で行なっている呼吸に意識を向けて、ゆっくりと息を吐き切ることを大切にしてください。マインドフルネスとして仏教瞑想が世界中に広がっていますが、マインドフルネスは脳と心のストレッチです。無意識に意識的に介入するの項でも触れたように、マインドフルネスに取り組むことにより、脳はより生産性高くパフォーマンスを発揮できるのです。より酸素を体に取り入れるために、適度な運動に取り組むこともおすすめです。

5つ目は整理整頓です。「心から望む自分らしさにつながるのか？」こそが建設的な判断基準だとお伝えしましたが、私たちは心から望む自分らしさには関係のないことに労力と時間を使い過ぎています。あらゆる煩悩に惑わされ誘惑の多い世の中です。自分にとって必要ないものを整理整頓して、自分に大切なもの、心から望む自分らしさに意識を向ける時間がとても大切です。

笑顔の科学

そして、MITのプログラムから学んだ5大要素に加えて、私のプログラムでは6つ目の要素として「笑顔」を追加しています。

「笑う門には福来る」と古くから言い伝えられるように、笑顔には素晴らしい力があることをみなさんも日頃から実感されているかと思います。笑顔の効果については科学的にも研究が進んでおり、脳の活性化、免疫力向上、新陳代謝向上、リラックス効果などの効果が認められています。また、しかめっ面をするよりも、作り笑いでもいいので笑顔で取り組むと、作業の効率が向上するという研究結果も報告されています。

笑顔の効果を疑う人は少ないかと思いますが、意識的に笑顔に取り組んでいる人はそれほど

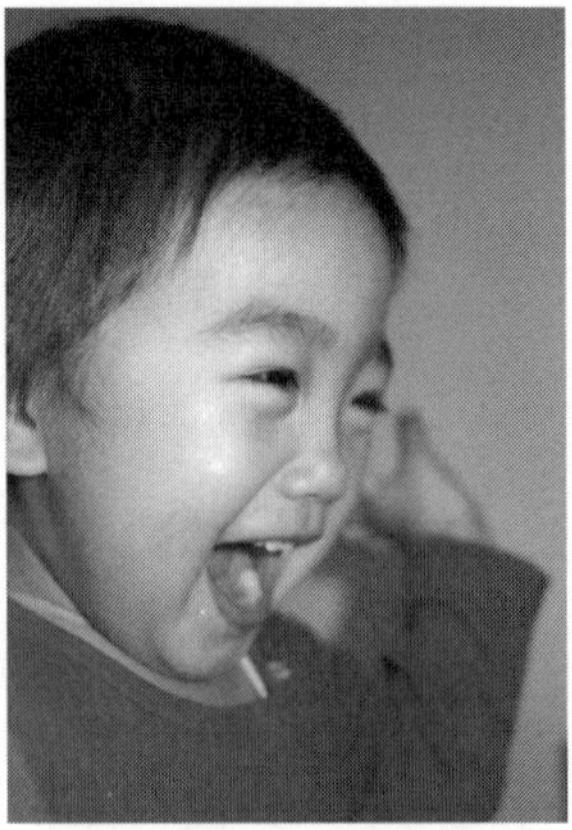

多くありません。脳のパフォーマンスを向上させるためにも、意識的に笑顔に取り組むことをおすすめします。

そして、笑顔は伝染します。笑顔の赤ん坊を見ているだけで、笑顔は広がっていきます。笑顔に触れる機会を増やし、自分が笑顔になり、笑顔を仲間にも広げることをおすすめします。

▼自分の可能性を広げるリフレクション

心と体の健康

・脳のパフォーマンスを高めるために、脳を含めた身体を観察しましょう。
・ぐっすりと毎晩眠れていますか？　ぐっすりと眠るために何に取り組みますか？
・笑顔に触れていますか？　心から笑っていますか？　笑顔を広げていますか？

第3章
まとめ

・「見たいものは見える脳」をよりよく使えば、いつでも、どんなときもGood and Newは見つかる。

・今を実感するマインドフルネスは、脳と心のストレッチ。

・現状のコンフォートゾーンからは抜け出せない。心から望むコンフォートゾーンを新しく作る。リフレクションする。

・無意識に意識的に介入するセルフトークは、今の自分らしさを示し、心から望む自分らしさに向かう羅針盤。

・感情や他人からの評価に囚われない、心から望む自分らしさを建設的な判断基準とする。

・目的のない内省や振り返りが、自分を過去に縛る。無駄な迷いと苦しみを生む。今をあるがままに受け入れるから、過去への後悔や恐怖から自由になれる

・脳はやりたくないことを創造的に回避する。抽象度を上げてやりたい理由を見つける。もしくはやりたくないことはやらない。

・心と体の健康に意識を向ける。とにかく笑う、寝る。

第4章

自分と仲間の可能性をつなぐ
——your connections

求めよ、さらば与えられん
—— マタイ第7章

▶ 心の鏡に自分自身を映すリフレクション

・現在あなたにはどんな可能性がありますか？
・あなたの可能性を誰が支えてくれていますか？
・誰のために挑戦しますか？

可能性を知る力「エフィカシー」

自分の可能性を知る

見たいものしか見ない脳の仕組みを知ると、今まで見失っている99・9％以上の視界に可能性が満ちあふれていることを知ることができます。そしてその可能性を知る力、可能性に挑戦する力、可能性を実現する力がエフィカシー（Efficacy）です。

エフィカシーは日本語に訳すと「自己効力感」です。目的・目標を実現できる自分の能力・可能性を信じる力であり、過去ではなく未来の自己達成能力の自己評価です。これからの未来の可能性についての評価なので、過去の実績の評価とはまったく関係ありません。

そして、他人ではなく自分による自分の能力・可能性についての自己評価です。他人がどのように評価するのかはまったく関係ありません。今は実現方法がわからなくても、実現できるに違いないと根拠なく自分の未来の実現能力を信じ切れる力です。

エフィカシーとは、目的・目標を実現できる自分の能力・可能性の自己評価です。まず明確な自分の目的・目標があるのが大前提です。そして、高い目的・目標があるほどそれを実現できると感じることができ、自分の可能性を知るエフィカシーは高まります。

身のほど知らずな自信過剰な人をエフィカシーが高いと誤解することがありますが、大きな違いは、現状をありのままに受け入れられているかどうかにあります。現実的でない高い目標を実現できるといった自己評価は共通していても、自信過剰な人は現状をありのままに受け入れることができません。現状を誤解して、目標達成までのギャップを低く認識しているのです。エフィカシーの高い人は、いかなる現状もシビアにありのままに受け入れています。どんなに現実離れしているのかもありのままに理解した上で、そのギャップを未来に向けて埋めていけるという自分の可能性を知っているのです。

エフィカシーの高い人たち

圧倒的に大きな目的・目標を持って実現に取り組んでいるのが、エフィカシーの高い人です。自分の大きな可能性を知っているので、当然のようにあらゆることに挑戦します。思い通りに進まないことも、大きな困難や挫折も当然ありますが、自分の可能性を知っているのであきらめません。実現するまであきらめずに挑戦するので、当然のように圧倒的な結果を出していきます。

圧倒的にエフィカシーの高い人は、私たちの身の回りに大勢存在します。日本人の誇りでもある大リーグ、ロサンゼルス・エンゼルスの大谷翔平選手は素晴らしい例です。

大谷選手は、学生時代から大きな目的・目標を持ち、それを実現できる自分の可能性を知っていました。多くの専門家の評価やアドバイスを気にすることなく、プロ野球でも大リーグでも、二刀流という過去にない大きな夢に挑み、誰も成し遂げなかった圧倒的な結果を出し続けています。どんなに現実離れした挑戦であろうが、他人の評価を気にすることなく、自分の可能性を知って挑戦し続けているのです。

歴史上に名を残す偉人もエフィカシーの高い人たちです。例えばアメリカ大統領だったロバート・ケネディ。冷戦中にソ連に宇宙開発で先行を許し、国民の多くが可能性を見失っていた中で彼は大統領に就任しました。ケネディは自分の可能性、アメリカの可能性を知っていました。そして、アメリカの可能性を信じて、10年以内に人間を月に送る「アポロ計画」を立ち上げたのです。

アポロ計画を構想したときには、人間を月に送れる根拠はありませんでした。しかし、根拠はなくてもアメリカという国家の可能性を信じたのです。そして、多くの国民もアメリカの可能性を信じ、途方もない「アポロ計画」に共感し、国を挙げて実現するまであきらめることがありませんでした。エフィカシーは伝染します。エフィカシーの高い人には、周りの人のエフィカシーも高める力があるのです。

あなたも高いエフィカシーを持って生まれた

あらゆる領域での成功者が持つ高いエフィカシーですが、実は誰もが生まれながらに高いエフィカシーを持っています。

生まれたての赤ん坊は、自分の可能性に疑いがありません。目に映る大人のように歩けるし、話ができるし、何でもできるのが当然だと信じてあらゆることに挑戦します。挑戦して失敗してもあきらめることなく挑戦する、高いエフィカシーを持って生まれてきます。

ただ、残念ながら「そんなことをしても駄目だ」「そんなことをするのは危ない」「そんなことは誰もやっていない」「どうせできないから代わりにやってあげよう」などなど、大人と接する中で、自分の可能性を制限することを覚えていくのです。

そして本来はとても高いエフィカシーを持っていたにもかかわらず、エフィカシーの下がった大人とのかかわりの中で、自分で自分の可能性を制限するようになってしまいます。

リフレクションとは、心の鏡に自分の可能性を映すことです。ありのままの自分を受け入れて、心から望む自分の可能性を知ることです。リフレクションがあなたのエフィカシーを高める手段となります。

▼自分の可能性を広げるリフレクション

エフィカシーを高める

・身の回りのエフィカシーの高い人を教えてください。
・エフィカシーの高い人とかかわった体験について教えてください。
・エフィカシーの高い人が大切にする習慣や価値観とは？

自分自身との戦い

自分自身①VS自分自身②

「自分の中にある心理的・感情的な障害と闘い、自分の真の能力を知り、それを発揮することを目的にする」

——ティモシー・ガルウェイ

私は学生時代から趣味でテニスを始めました。社会人になって会社のチームに所属してから、より本格的に取り組むようになり、試合に出るようにもなりました。しかし、技術や体力ではどう見ても負けていない年配の方々に試合で負け続け、何か根本的に間違ってると悩みました。そんなとき、ティモシー・ガルウェイというプロ・テニスコーチが書いた『The Inner Game of Tennis』という本を手にしました。この本との出会いは、テニスだけでなく、私の人生を変えてくれました。

この本には、次のようなことが書いてあります。

人間の中には2人の自分自身がいる。常に自分自身を評価し、批判し、問いを投げかけている「自分自身①」と、邪魔がなければ本来の力、潜在的な能力を発揮できるはずの「自分自身②」。

前者の「自分自身①」とは、心の声であるセルフトークの主です。テニスをしている人なら、こんな言葉を試合中に自分自身に投げかけていることがあるでしょう。

「何でこんな当たり前のこともできないんだ、このヘタクソ！」

「ダブルフォルトだけはしないようにと言ってるのに！」

「セカンド・サーブも失敗してくれますように」

「チャンスボールだ、決めてやる！」

「よし、この試合はもう勝った！」

▶インナーゲーム（自分自身①と自分自身②）

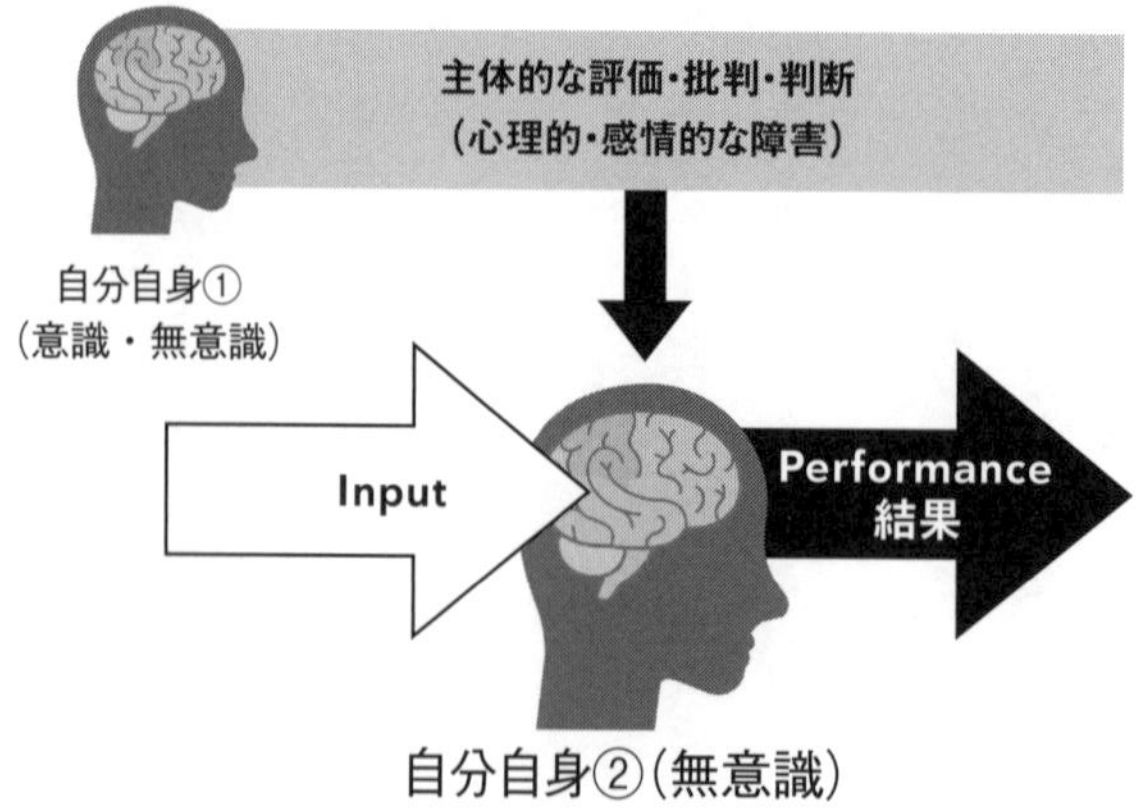

「やっぱり駄目か……」

これらの「自分自身①」が投げかける評価・批判・判断は、本来の持つ力（自分自身②）を発揮するためには邪魔にしかなっていません。こうした言葉は雑念で、本来の力を発揮するには障害物でしかないのです。

よくアスリートが「ゾーンに入った」と言うのは、「自分自身①」が静かにして、ただありのままの「自分自身②」を受け入れて、「自分自身②」の本来持つ力を発揮できている状況です。

心がボトルネックになっている

日本でも古くから「何事も心技体を整えるこ

とが重要」と言われています。それまでの私はテニスの技術面や体力面だけにしか気を配らず、心をどう鍛えるかはまったく考えていませんでした。練習ではできること、つまり技術的・体力的には身についていることが、試合になると心の中の「自分自身①」が邪魔して、本来の力である「自分自身②」が本来の力を発揮できていない状況でした。

心が障壁（ボトルネック）になっていて、パフォーマンス（試合の勝利）につながっていなかったのです。これは武道家やアスリートの人たちには当たり前の話かと思います。この事実にやっと気づいた私の伸びしろはすさまじく、それ以来テニスのパフォーマンスは劇的に向上しました。

心が私のボトルネックだったので、伸びた分だけ全体のスループット、パフォーマンスが上がりました。技術的・体力的に備わっている以上のことは当然できないものの、ありのままの自分を信じて委ねることが、自分自身に備わっている力を最大限に発揮する秘訣だと気づけたのです。この気づきは、テニスだけでなく、仕事、人生にとっても応用できています。

多くの人は自分の本来の力を過小評価しています。特に謙虚さを美徳とする日本人の中には、謙遜が行き過ぎて自虐過剰になっている人が少なくありません。

パフォーマンスが出ない理由は、多くの場合、今持っている力が足りないのではなく、私のテニスと同じく、自分の本来の力を心理的・感情的に邪魔する脳と心の問題なのです。

「インナーゲームに勝つ」とは、自分自身の心理的・感情的といった内なる課題に対峙し、自分の本来の可能性を最大限に発揮することです。

▼自分の可能性を広げるリフレクション

インナーゲーム

・あなたにはどんな可能性がありますか？
・あなたの可能性を実現することを妨げる心理的・感情的な障害とは？
・自分の可能性を信じ切れた体験を教えてください。

「ご縁」に気づき、コネクションを築く

すでにある「ご縁」

第2章でもお伝えした通り、自分自身が持つ関係性が自分自身の存在を定義しています。最新の科学でも本質的に同様の発見がされています。観察するから（観察者が対象と関係性を持つから）、あらゆる物質は存在を確認できるのです。「すべての存在は関係性によって成り立つ」とは、この世界の科学的な解釈です。

すべての関係性は絶対的なものではありません。刻一刻と刹那に変化し諸行無常です。現状のあらゆる関係性に不満を持つ人も多いかと思います。しかし、その不満のある現状も絶対的ではありません。自分が刻々と選ぶ関係性によって、常に変化し続けていきます。不満

のある今に囚われる必要はありません。不満のある今も、刻々と自分が選ぶ新しい関係性によって変化をし続けます。どのような関係性が必要かと選ぶのも自分次第です。

日本ではこの関係性を「ご縁」と言い、人との関係性を大切にするように育てられます。仏教における縁起の思想が私たちの生活に浸透しているのが背景です。

自分の存在を定義する関係性・ご縁とは、自分自身が存在するようにすでに存在するものです。普段はあまり意識することはないかもしれませんが、すでにあるのが関係性です。意識せず見失っていることも多いですが、気づけばそこにあるのがご縁です。

「コネクション」が可能性を広げる

ご縁は英語で「コネクション」という意味でもあります。日本ではコネと短縮して使われたり、縁故と同じ意味で使われることが多いと思います。

どちらかと言うと、不平等、不正、卑怯、裏でずる賢い方法で他人を出し抜くといったイメージがあります。そして、日本人が大切にする平等・公正で正々堂々とした行動ではなく、ほめられた行動ではないといった認識があるように思います。

日本では否定的に捉えられるコネですが、アメリカではコネの語源であるコネクションは、お金だけでは買えない貴重な無形資産、人生の必需品、大きな武器だと認識されています。

コネクションはネットワークやコミュニティと比べても、より強い肯定的な言葉として利用されています。あらゆる人生の局面で遠慮なく、積極的に活用されています。会社や製品・サービス名の一部としてもよく採用されています。持っているコネクションは使うべき、必要なコネクションがないなら、今あるコネクションをたどって探すべき・作るべきと多くのアメリカ人は合理的・論理的に考えます。


私自身のグローバルキャリアもコネクションによって築けました。メンターとして師事していたお客様の樋口英雄さんとコネクションを築いていたことが、アメリカ駐在のきっかけになりました。序章でも紹介したトッド・カートリーさんと築いたコネクションが、私のアメリカ本社転籍、アメリカ永住につながりました。

アメリカに移住してからも、公私にわたりいろいろな方々とコネクションを作り、コネクションを広げ、コネクションに頼って米国本社で10年間生き残ることができました。おかげさまで、日本にずっといたとしたら考えられない、劇的な生活の質の向上を実現しています。

私とのコネクションについて、トッドさんはこのように伝えてくれました。

ご縁（日本）	コネクション（米国）
与えられる あるものに気づく	戦略的に築く
縁故は卑怯、不平	コネクションは信用、実力
特権的	アメリカン・ドリーム
組織的	個人的
守るもの	使うもの

「コミュニケーション（英語だけでなく、ビジネスに必要な要点を抑えた会話）ができて、お客様中心の姿勢という価値観が同じで、誰よりもアグレッシブだった。そして、実際にお客様に評価され仕事上の実績を出している社員の1人だった。可能性を信じたからこそ、信頼してコネクションを作った」

コネクションは正々堂々としていない卑怯者が使うモノという考え方は、自分の可能性に挑戦するには捨てるべき思い込みの1つです。使えるコネクションのない現状を憂うのではなく、正々堂々と自らの目的の手段の1つとして、自らの意思でコネクションを作り、コネクションを広げ、コネクションに頼ることが戦略的で合理的です。

コネクションは、自分の可能性を発揮する力になります。心から望む自分らしさを実現している、心から望む自分らしいコネクションに意識を向けましょう。

今あるご縁に気づき感謝する。ご縁をつなげ広げる。ご縁を信じ頼る。ご縁に報いることで、心から望む自分らしいコネクションは築けます。

▼自分の可能性を広げるリフレクション

ご縁

- 現在のあなたを定義する存在とは何でしょうか？
- これからのあなたの人生にとって、心から大切な存在とは何でしょうか？
- 一切の制約がなければ、どのような人とどのような関係を作りたいですか？

多様性が力になる

違いにこそ価値があり力がある

人は自分の見たい物しか見ることができません。自分にとって重要だと判断していることしか、人間の脳は認識しないのです。好き嫌いにかかわらず、無意識に作り上げた自分らしい自分が見たいものを選択して見ています。すべての人がそれぞれの偏った見方、さまざまな色のついたメガネを通じて世界を見ているのです。

多様な世界をより広い視野で捉えるには、自分だけの偏った一方的な見方だけでは限界があります。グローバル社会で求められる多様性に適用する能力とは、まったく同じ世界を見ていても、それぞれ各種各様に偏った見方があると知ることです。

そして、より広い視野であるがままに世界を捉えるには、自分自身の偏った一方的な見方だけでは限界があると知ることでもあります。

自分だけの偏った視点の限界を知り、限界を超えるために多様性が力になります。多様性の力とは、違いのある弱者を無理して守ることではありません。多様性による、より広い視野を得ることです。多様性が持つ可能性を力として利用することです。

さまざまな環境や文化を背景として、1人1人が違った見方、違った能力を持っていますが、違いを制約・障害・誤りとして排除するのではなく、新たな視点や力を得られる強みとして活かすということです。

そして「多様性を力にする」とは、それぞれどんな存在にも美点があると可能性を信じる「美点凝視《びてんぎょうし》」を大事にすることです。違いを制約・障害・誤りとして排除するのではなく、違いにこそ価値があり、力があると可能性を追求することです。

残念ながら強力な同調圧力が支配する日本社会では、「美点凝視」は養いがたい能力です。与えられた道を極めるために加点ではなく減点、できていることよりできてないことに目を向けがちです。厳しさを成長の原動力にしてきた歴史背景があるように私は感じます。素晴らしい先達が長年にわたって極め続けた道には、極めた人だけが見るあるべき姿や、極めるに至った道・手段・過程があります。そのあるべき姿を無条件に素直に信じて、厳しさを力にしようとする日本人の素質が背景にあると考えます。

しかし、これからの多様性が前提となる社会では、今までにはない新しい道を切り拓く必要があります。違いを排除ではなく力に、減点ではなく加点、できないことよりできることに目を向けていく美点凝視で多様性の力を発揮することも大切です。

美点凝視が発掘する潜在的な天然資源

美点凝視で多様性の力を発揮する事例として、アメリカでは母親のマネジメント能力が企業で評価されることが挙げられます。

アメリカの大企業で役員を務める友人は、マネジメントの採用時に選択肢があるなら母親経験者を選ぶと教えてくれました。母親が鍛えている家庭内マネジメント／ガバナンス能力を、企業が必要とするスキルと評価して判断しているのです。

私がアメリカで出会った素敵な女性マネジャーの多くは、母親としての経験が豊富で、母親として身につけたマネジメント能力を発揮し、女性ならではの視点で価値を発揮していました。

アメリカ企業は美点凝視で多様性の力を活用していたのです。

日本の母親たちが鍛え磨いている家庭内ガバナンス、家庭内マネジメント能力は潜在的に大きな可能性を持つ天然資源だと言えます。グローバル展開している日本企業のグローバルガバナンスの課題は顕著ですが、女性ならではのマネジメント能力の発揮が、課題解決の1つの手段になるかもしれません。

母親の持つガバナンスやマネジメント能力の他にも、日本社会には同調圧力により埋もれている天然資源が数多くあります。

例えば、日々命と向き合って生きている難病の方々と接すると背筋が伸びます。ハンデがあっても自分の可能性を信じて挑戦し続ける方々と一緒に仕事をすると、自分の可能性も信じようと思えます。その他にも鍛え極める社会である日本には、世界には当たり前ではない美点があふれています。美点凝視により発掘できる天然素材にあふれています。日本の美点は、世界をさらに豊かにすると確信しています。

▼自分の可能性を広げるリフレクション

美点凝視

・自分の美点（好きなところ）を教えてください。
・好きな仲間の美点（好きなところ）を教えてください。
・苦手な仲間の美点（好きなところ）を教えてください。

本質的な解決策の気づき方

認知的不協和が悩みを生む

心から望む自分らしくある上で最大の課題の1つが「人間関係」です。人と人との関係性で成り立っている世の中では、それ以上の課題はないと言えるかもしれません。少なくとも人間関係に悩みがない人はこの世の中にいないでしょう。

人間関係も含めたあらゆる悩みは、悩みを抱える人の認識の違い、「脳の認知的不協和」から生まれます。いいも悪いも自分の期待する関係と、現実の関係との違い・不協和に怒り、苛立ち、悔しみ、悲しむのです。

自分らしさを守る脳は、自分らしくない関係に不協和を感じると、それを解消させようと、あらゆる手段を創造的に探すのです。

「すっぱい葡萄《ぶどう》」の童話をご存知でしょうか？

お腹を空かせた狐は、たわわに実ったおいしそうな葡萄を見つけます。食べようとして懸命に跳び上がりますが、どの葡萄も高いところになっていて届きません。何度跳んでも届くことはなく、狐は怒りと悔しさから「どうせこんな葡萄はすっぱくてまずい。誰が食べてやるものか」と負け惜しみの言葉を吐き捨てて去っていきます。

狐はあなたで、実った葡萄はあなたの心から望む大切な人との関係です。人間関係の悩み・不満とは、狐の抱える認知的不協和のようなものです。心から望む葡萄を手に入れることができなくて、自分の思い通りにならない認知的不協和が、怒り、苛立ち、悔しさ、悲しみとなります。そして、狐は心から望んだ葡萄を、すっぱい葡萄だとあきらめた自分を正当化します。自分への言いわけを見つけることで、認知的不協和を無理矢理に解決するのです。

相手や与えられた環境は変えることができない現実において、自分の認知を変えて解決策を選ぶのが認知的不協和という脳の仕組みです。

▶すっぱい葡萄

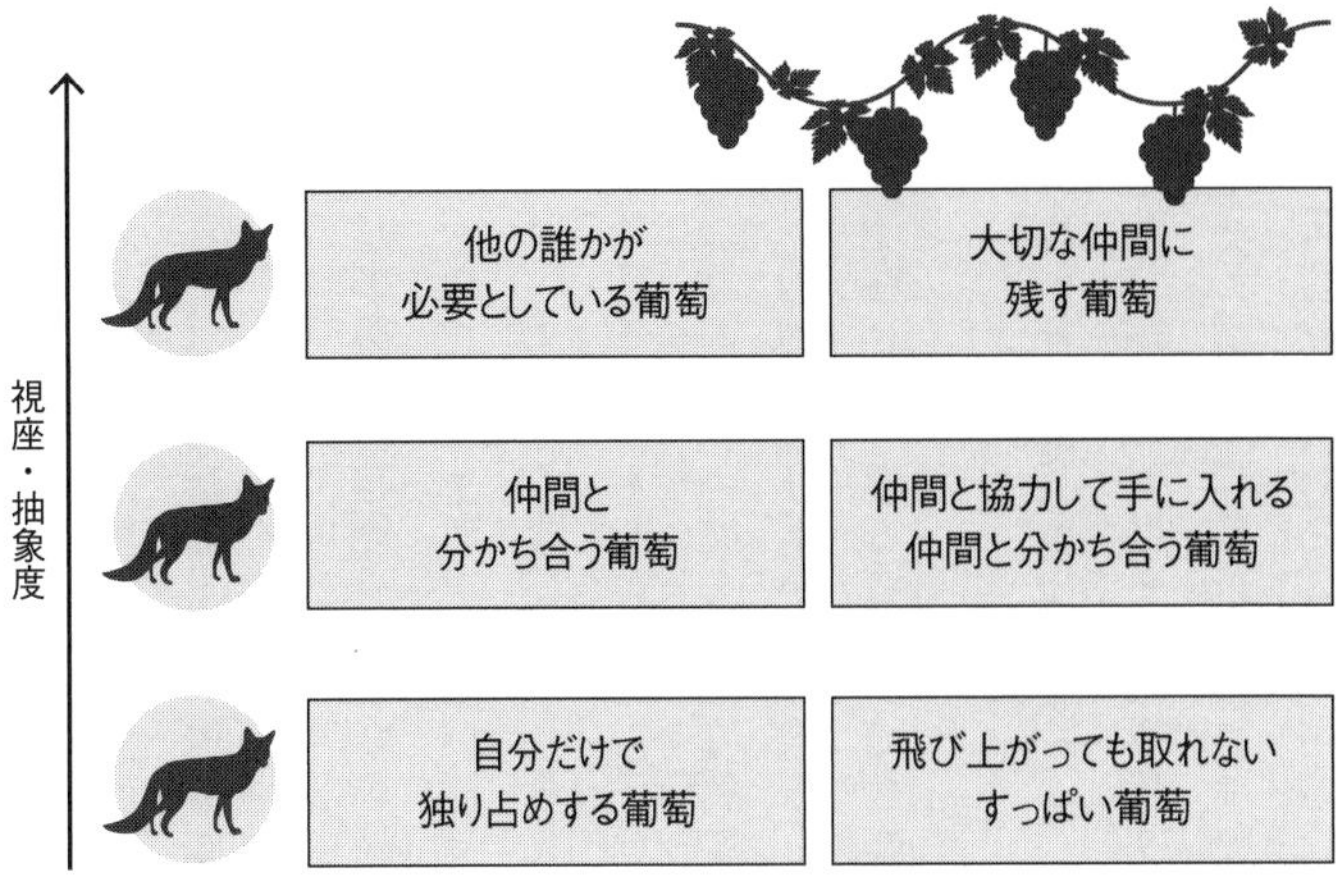

高い視座が解決策を見つける

建設的で本質的な解決策は、脳の仕組みをよりよく使い、抽象度を上げた高い視座を持つから見つかります。低い視座では盲点となっていた解決策が見つかるからです。

「抽象度を上げる」ことは、多くの人が日常的にあらゆる問題に本質的に向き合う際に使っている技術です。

第2章の「抽象度を上げて視座を高める」でも説明しましたが、抽象度が下がった低い視座では、問題はとても具体的に見えますが、視野が狭く限られた解決策しか見えません。目の前の具体的な問題への対処に囚われて、問題の表面的な一部しか捉えることができないのです。

「葡萄は高いところにあって、どれだけ跳び上がっても届かない」という現実に、抽象度が下がっていると、どれだけ跳び上がっても届かない自分を正当化する言いわけを見つけます。本当はほしいのに、ほしくない理由となる「すっぱい葡萄」を心に作ります。

一方で、同じ事実に対して、抽象度が高い視座があれば、跳び上がるという目の前の手段に囚われることがなくなります。ほしい葡萄を手に入れるために、跳び上がる以外の手段を探すのです。それは、より高く跳び上がれる友人を探すことかもしれません。高く跳ぶ台になる友人に協力を求めることかもしれません。道具を見つけることかもしれません。木に登ることかもしれません。熟れて落ちてくるのを待つことかもしれません。

このように、「葡萄は跳び上がって取るもの」という抽象度では見つけることのできなかった、さまざまな可能性を見つけることができます。

また、より高い抽象度の視座があれば、目の前にある葡萄に囚われることもなくなります。葡萄でなくとも食欲を満たせる手段を探すわけです。そうすれば、隣の畑にある芋を見つけるかもしれません。「葡萄で食欲を満たす」といった抽象度では見つけることのできなかった、さまざまな可能性を見つけることができます。

さらに高い抽象度の視座があれば、自分が食べる葡萄という認識にも囚われることがなくなります。目の前にある葡萄に、自分が食べるためではない役割を見つけるのです。目の前にある葡萄を楽しみにしているであろう、葡萄が大好きな仲間の顔が浮かぶかもしれません。その場合、葡萄は自分の手に入らない結果は同じでも、問題は解決されています。不協和は解消され、「すっぱい葡萄」といった言いわけは必要なくなるのです。

「問題は、発生したのと同じ次元では解決できない」。アインシュタインの名言ですが、低い抽象度で発生した問題は、同じ抽象度では根本的に解決ができません。脳の仕組みをよりよく使い、抽象度を上げた高い視座が必要です。抽象度を上げた高い視座が、本質的な解決策を見つけるのです。

▼**自分の可能性を広げるリフレクション**

人間関係

・そもそも悩んでいる人間関係は、心から望む自分に必要なのでしょうか？
・必要ならば、これからはどのような関係が望ましいですか？
・望む関係を作るために、相手に何をしてあげますか？

自己正当化の罠

すべては自己判断

複雑に変化し続ける相手と向き合うのが人間関係です。人は変えられないし、環境の変化も重なり、問題は常により複雑になります。あらゆる物ごとは自分の思う通りには進まないものです。そのような環境には、自分のことしか考えられなくなる「自己正当化の罠」が潜んでいます。

この罠は、抽象度の高い視座を失うときに起こります。つながる人間やその周辺の環境の変化に影響を受けて、当然のように私たちの抽象度は動的に、ダイナミックに変化します。昨日は高かった抽象度と視座が、今日はどうしても抽象度が下がった視座になる。あの人にはいつも相手の立場を尊重する抽象度の高い視座で接することができるのに、過去に因縁のあるあの人にはそうできない。昨日まで抽象度の高い視座で接することができた人に、今日は抽象度が下がった視座で対応してしまった、などといったことを繰り返しています。

抽象度の高い視座が下がる状況には、さまざまな理由があります。ただ、抽象度を下げるのは自己判断です。自分のあらゆる行動は、よいも悪いも自己判断です。自分が自分の判断で抽象度を下げるのです。他の誰も直接的に、あなたの脳と心の使い方を変えることはできません。そうであるにもかかわらず、抽象度が下がることを人の責任にして自分に嘘をついたときに、自己正当化の罠が現れます。

あなたも次のような経験がないでしょうか？

抽象度の高い視座で、相手のために取り組んでいた

しかし、抽象度の下がった相手から、思いやりのない言葉を投げかけられる

思いやりのない一言をきっかけに、感情的になる

自分自身で抽象度を下げる

せっかく高めていた自分の抽象度が、思いやりのない一言によって下げられたと感じる

被害者意識を持ち、相手を人ではなくモノとして見て責める
相手がどう考えても悪いので、自分は悪くないと自分を正当化する
正当化の罠にはまる

ここでの本質的な問題は、相手の思いやりのない言葉でも、相手その人でもありません。抽象度は自己判断でしか下げることができないという事実に対して、「相手によって下げられた」と自分に対して嘘をついていることが、本質的な問題なのです。

自己正当化の罠は、自分に対して嘘をつくことから始まります。自分に対しての嘘は、その嘘を正当化するために嘘に嘘を重ねて泥沼にはまります。これが、自己正当化という罠にはまる典型的な事例です。心当たりのある出来事が思い浮かばないでしょうか。

仲間と共通の目的を持つ
結果の出ない原因に一方的な非難を受ける
自分自身で抽象度を下げる

自分を守るために自分がどれだけ貢献したか訴える
自分を正当化するために仲間の失敗を願う
仲間の失敗を願うために共通の目的の失敗を受け入れる
仲間の失敗による共通の目的の失敗に満足する
自分のことしか見えなくなる
正当化の罠にはまる

妻のためにと思い物ごとに取り組む
思い通りにいかない
感謝もなく一方的な非難を受ける
自分自身で抽象度を下げる
思いを汲まない妻を責める
妻を責める自分を正当化するために、あらゆる妻の行動を非難する
収集がつかなくなり、自分を守るために言葉だけの謝罪をする
自分のことしか見えなくなる

正当化の罠にはまる

子どものためにと自分の思いを伝える
子どもには思いが伝わらない
自分自身で抽象度を下げる
自分の思いを一方的に無視した子どもの行動を責める
子どもを責める自分を正当化するために子どもの失敗を願う
自分の言うことを聞かずに失敗した子どもを見て満足する
自分のことしか見えなくなる
正当化の罠にはまる

自分自身で抽象度を下げた判断を、自分が理由ではないと他人を言いわけにするという、自分についた嘘が共通のきっかけです。

これまで数え切れないくらい、同じような経験をされているかもしれません。また今このと

▶本質的な解決策の気づき方

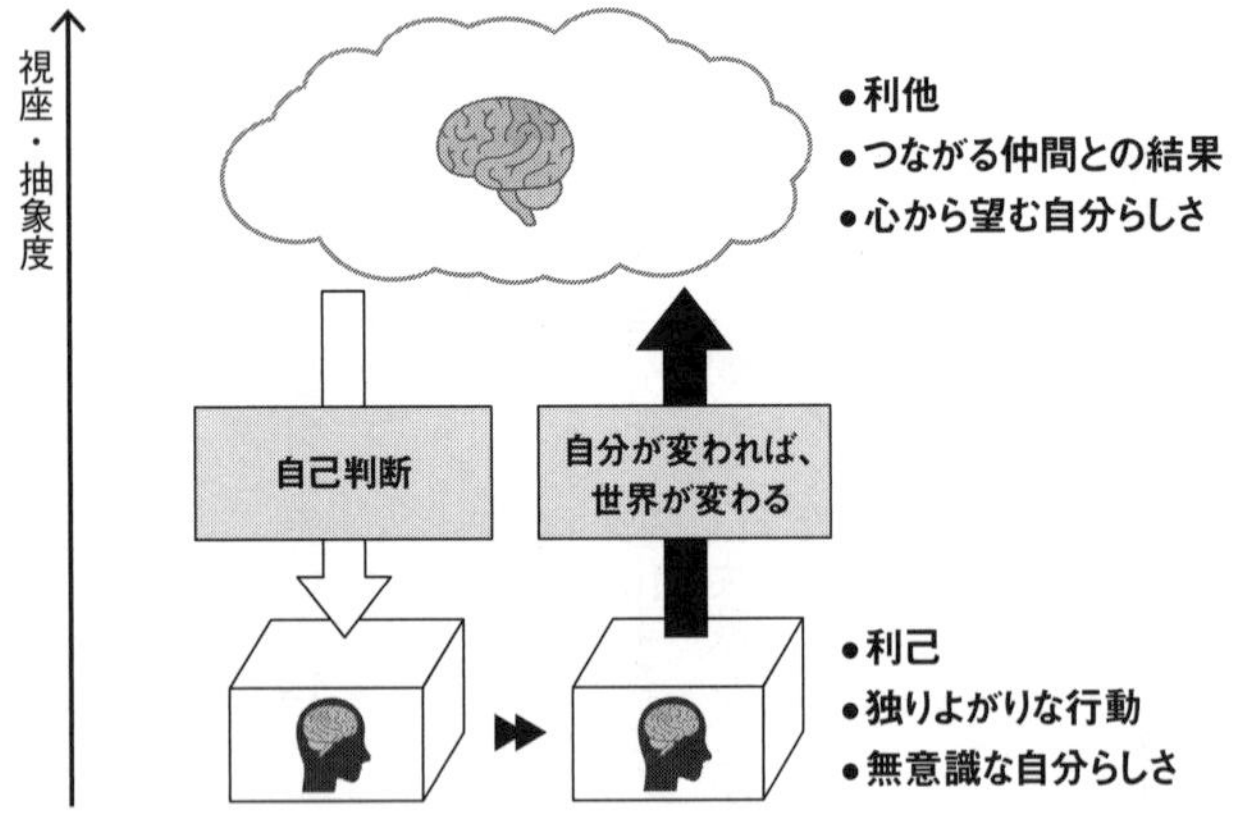

きにも、この例のように感じている人間関係が複数存在していないでしょうか?

多くの人が、この自己正当化の罠によって、自分を正当化する嘘に嘘を重ねて泥沼にはまっています。そして、自分の抽象度をますます下げていくのです。抽象度が下がって自分のことしかますます見えなくなる、という状況に陥る日々を過ごしています。

このような状況では、行動だけを変えても解決にはつながりません。夫婦喧嘩をして、言葉だけの謝罪に効果がないことは実感していただけるでしょう。心のない謝罪に代表される、抽象度が下がったままの行動は解決にはつながりません。

時間が過ぎ去るのを待つことも解決にはつな

がりません。時間が問題を解決してくれるというのは、時間が経って抽象度が上がるきっかけを得ることによる解決です。抽象度が下がったままであれば、どれだけ時間が経っても解決しません。

あらゆる問題の本質的な解決策とは、心から望む自分らしさを意識して、抽象度を上げることです。自分のことしか見ない視点から、相手のこと、共通の目的のこと、より大きな意義についての視点を上げることです。

自分が変われば、世界が変わります。そして、抽象度が究極に上がる先にあるのは、すべての人が利他の心を持って、お互いを思いやる社会だと私は思います。

▼自分の可能性を広げるリフレクション

箱から出る

・解決したい人間関係の問題とは？

・抽象度が下がっている理由とは？

・自分の利益をいったん忘れて、その人のために何ができますか？

可能性を支える仲間

あなたの果たす役割がある

自分自身の存在は、自分の持つ関係性によって定義される。このことを理解すると、今までのすべての関係性に役割を見つけることができます。

よい関係も悪い関係も多くあることでしょう。ただ、いずれの関係も、その関係があるから今の自分が存在します。反面教師であったり、反骨心の源であったり、よりよい関係へのつなぎ目であったりなど、悪い関係でも悪いなりに役割があったということに気づけます。

一方で、あなたがつながる人にとっても、あなたの存在が役割を果たしています。つながる人にとってよい役割もあれば、悪い役割しか果たせていないことも当然あります。ただ、よい悪いにかかわらず、自分とのつながりがあるからこそ、その人の存在は定義されていきます。その人の存在に、つながった自分の役割があるわけです。

つまり、社会に存在するだけで、自分の役割があると理解できます。自分の役割を高めるとは、つながる人を増やすことであり、つながる人にとってよりよく意味のある役割を果たすことです。

そして、自分の役割を果たすため、自分の役割を高めるために存在する関係性とは、自分を支えるとても大切な仲間だと思えます。大切な仲間がいてくれたから、今までの自分があり、これからの自分があります。

とにかく笑えれば

私は日米のＩＢＭで20年以上、法人担当営業として活動しました。

営業は、お客様に育てていただきます。私も多くのお客様に出会い、数多くの失敗をして、お叱りを受け、励まされ、応援してもらい、かけがえのない教えを学び、楽しい時間を多く過ごしてきました。

その中でも、大変お世話になったのが山下利夫さんです。営業1年目から、社会人としての心得、営業としての心得を教わり、人生やキャリアの相談にも乗っていただきました。私の結婚式には主賓としてご参加もいただきました。人生の師、メンターとして心から尊敬しています。山下さんからの多くの学びを今でも大切にしています。

最初の出会いは、初めて担当した購買システム開発プロジェクトでした。山下さんがお客様の事業側プロジェクト責任者でした。私はすでに契約済みの案件を、デリバリー・フェーズの営業フォローとして先輩から引き継ぎました。右も左もわからない新人営業で、できることも限られていたため、邪魔だけはしないようにと考えていました。ただ、担当したプロジェクトはサービス・イン直後（前ではないのが致命的）に壊滅的な大火事となるプロジェクトでした。私も修羅場となったプロジェクト・ルームに泊まり込みました。

スキルも経験もない新人営業でしたが、大切なお客様に甚大なご迷惑をかけている状況が情けなく、申し訳なく、ない知恵を絞って自分のできることを探していました。

修羅場のプロジェクト・ルームに数日泊まり込んだある日、お客様も常駐するプロジェクト・

ルームでプロジェクト・メンバーの冗談や笑い声が聞こえました。新人営業の私としては、甚大なご迷惑をおかけしているお客様もいらっしゃる状況で、笑うなど言語道断だと怒り心頭でした。ただ、新人営業が先輩社員に声を上げて意見することも憚られ、少なくとも自分にできることをと、異常に厳しい顔をすることでプロジェクト・ルームの雰囲気を変えようと試みていました。ろくに寝ていなかったので、周りも見えず思考停止していたと思います。

無駄なことを続けて、誰も求めてないし、自分にできることもないのになぜか自分を追い込んでいました。そんなときに、初めて山下さんに呼び止められました。そして、伝えていただいた言葉があります。

「営業のおまえの仕事は笑うことだ。おまえすら笑えないプロジェクトはうまくいかない。プロジェクトの雰囲気をよくするのが営業の仕事。他に何もできないと思うなら、少なくとも笑っておくんだ」

無駄に自分を追い込んでいた私は、この言葉に心から救われました。それ以来、どんなときにも、自分の役割を見つけることができるようになったのです。

その後の仕事だけでなく人生でのいくつかの修羅場において、「とにかく笑えれば！」の言葉がいつも救ってくれました。人生の恩師からの言葉が、自分の可能性を知り、自分の可能性に挑戦する力になっています。

今のあなたを支える仲間に、あなたが果たす役割があります。これからのあなたを支える仲間に、あなたが果たす役割があります。あなたの果たす役割を知ることが、あなたの可能性への挑戦の力となります。

▼自分の可能性を広げるリフレクション

ステークホルダー

- ・あなたにとって大切な仲間（ステークホルダー）とは誰でしょうか？
- ・それぞれのステークホルダーと共に実現しているビジョンとは？
- ・それぞれのステークホルダーに、あなたが果たしたい役割とは？

ドリームサポーターになる

仲間の挑戦を心から応援する

リフレクションの本質とは、自分の可能性を知ることです。見ないことにしているだけの99・9％以上の圧倒的な視野に、自分の可能性は間違いなく存在します。存在すると知るから、自分の可能性に挑戦することができます。当然、思い通りにはいかないことも多いでしょう。しかし、自分の可能性を知る限り、そこに向かって当たり前のようにあきらめずに挑戦し続けるから、圧倒的な行動と結果につながっていくのです。

未来を見据えたリフレクションの実践が結果につながるという実感は、自分だけではなく、あなたの仲間にも広げることができます。自分に当然のようにある可能性は、仲間にも同様にあるということが、実感を持って理解できるからです。仲間の可能性を根拠を持って知ることができるため、挑戦を心から応援できます。

仲間の挑戦を心から応援する姿勢は、自分自身がリフレクションの効果を実感しているからこそ伝わります。あなた自身が可能性に挑戦している実績が、挑戦する人の根拠となり、より仲間を勇気づけるのです。

あなた自身のリフレクションの実績が根拠となるから、「あなたにも可能性がある！　あなたならできると思う！」という言葉や姿勢が伝わります。

同じ言葉を伝えても、「でも、自分にはできないけど……実績もないし確証もない……」と心の中で感じていては伝わりません。自分自身に確信のない姿勢や言葉には力がないのです。

仲間の可能性を知り、挑戦を応援する人を「ドリームサポーター」と呼びます。文字通り夢を支える人です。人それぞれの多様な価値観を尊重し、人それぞれ違う多様な夢を肯定できる人のことです。

ドリームサポーターは、リフレクションを自分自身にも、仲間に対しても実践しています。夢がどれだけ現実離れしていても、実現する可能性を見つけます。夢を実現するために乗り越える障害やリスクを知り、現実をありのままに受け入れます。そして、どんなに困難でも夢を実現する可能性に挑戦する仲間を応援し続けるのです。

仲間を応援する姿勢は自分にも周りにもリフレクションする

自分だけでなく仲間のドリームサポーターであることには、与えるだけでないメリットがあります。なぜなら、心から仲間の可能性を応援する姿勢や言葉は、「自分に対してのリフレクション」としても効果があるからです。

脳の無意識は、人に話していることと自分に話していることを区別しません。そのため、心から仲間の可能性を応援する姿勢や言葉は、結果的にすべて自分自身に対しても、周りで接している人にとってもリフレクションとして機能します。

同様の理由で、愚痴や悪口にはデメリットしかありません。言葉に出す、心の中に思う愚痴や悪口は、相手だけではなく、そのまま自分自身に向けた言葉として脳は理解してしまいます。日本では「言霊」と言って昔から大切にしてきた習慣もあります。

リフレクションに取り組めば、自分自身の可能性への確信が高まります。まずは自分自身のドリーム・サポーターになりましょう。その上で次のステップとして、積極的にドリームサポーターとして仲間の挑戦を応援することをおすすめします。

ドリームサポーターの力

私自身を振り返ると、数多くのドリーム・サポーターに支えられた人生でした。中でも父親の存在には大きな影響を受けました。

特別な言葉はあまり覚えてはいません。しかし、真摯に自分の役割を果たそうとする背中に、幼い頃から多くの無言のメッセージをもらっていました。どんなときでも私の意思を尊重してくれる姿勢が、心からの安心となりました。ケセラセラ、失敗しても何とかなると、自分の可能性を知ることができました。無謀であろうが、自分の可能性に好きに挑戦したいと思えるようになったのです。まさに父親はドリームサポーターでした。父親とのかかわりが、私の中に自分自身のドリームサポーターを作っていったことを実感します。

あなたの人生にもドリームサポーターがいて、あなたの挑戦を支えてくれるはずです。

リフレクションに取り組んで、自分自身のドリームサポーターになる。そうすれば、確信を持って仲間のドリームサポーターになることができます。自分や仲間のドリームサポーターとなることが、あなたの周りや、自分自身の中にいる「ドリームキラー」に打ち勝つ力になります。

▼**自分の可能性を広げるリフレクション**

ドリームサポーター

・見たこともない夢を実現できる自分の可能性を知っていますか？
・仲間にも夢を実現できる可能性があることを知っていますか？
・大切な仲間が挑戦することにどんな役割を果たしますか？

第４章
まとめ

・「エフィカシー」とは目的・目標を達成する自己能力の自己評価、自己効力感、可能性を知る力。覚悟を持って未来を決めて、今を生きる力。

・自分の中にある心理的・感情的な障害と闘い、自分の真の能力を知り、発揮する。

・「ご縁」は気づくもの、「コネクション」は築くもの。すべての存在は関係性によって成り立つ。関係性が自分の可能性を支える。

・支えとなる仲間の「多様性」と「美点凝視」が限界を超える力になる。

・「利他の心」を持つ、心から望む自分らしい高い視座が、正当化の罠から抜け出て、本質的な解決策への気づきにつながる。

・自分を支える仲間を知り、自分の役割を果たす。

・自分自身、そして大切な仲間の「ドリーム・サポーター」になる。

第5章

自分の可能性に挑戦する仲間

できると信じるか、できないと信じるか。
どちらにしてもあなたが信じることは正しい。

―― ヘンリー・フォード

▶ 心の鏡に自分自身を映すリフレクション

・自分にもある可能性とは？
・これからの挑戦とは？
・挑戦を支える仲間とは？

リフレクションで結果を出している仲間の実践事例

リフレクションは特別な技術ではありません。特別な能力、才能、恵まれた環境、運の強さ、あきらめない強い心、若さがあるから実践できるのではありません。リフレクションを実践するから、1人1人違う与えられた可能性、才能、環境、運、あきらめない心、タイミングを知ることができるのです。

この章では、リフレクションを実践する仲間に、それぞれの実践事例を共有していただきます。アスリート、落語家、命に向き合い今を生きる人、企業経営者、ビジネスリーダーなどなど、多様なバックグラウンドを持つ仲間が、それぞれの実践事例を共有してくれました。

あなたがリフレクションを実践する際の臨場感を高める手段になります。そして、自分の可能性を知り、挑戦を支えてくれる仲間に気づく機会になることでしょう。

自分の限界を超える表現者になる

―― 藤本 拓さん（アスリート）

2001年4月～22年4月まで陸上競技の長距離種目に取り組む。主な成績は12年箱根駅伝3区区間3位、15年ニューイヤー駅伝優勝。18年シカゴマラソン2時間7分57秒、19年福岡国際マラソン優勝（繰り上げ）、19年東京オリンピック代表選考会（MGC）9位など。22年4月に競技を引退。

リフレクションに取り組んだ背景

競技外の気づきや自己成長を期待していました。また、組織によりよい影響を与えられる人財になりたいといった思いを持っていました。

実践による成果

自分が何がしたいのか、自分はどうなりたいかを具体化することができました。自分ではできないと決めつけていた概念が取り払われて、「達成している自分ならどうしているか」というような未来思考で物ごとを考えるようになりました。限界を超える自己イメージを作れたことが、10年振りに5000ｍの自己ベストを10秒以上更新、ハーフマラソン日本歴代2位の記録につながりました。

――日々実践しているリフレクションとは――

なりたい（好きな）自分自身はどんなことをしているか、なりたくない（嫌いな）自分自身はどんなことをしないかを、日々自問自答しています。

――これからの挑戦とは？――

アスリートとしての人生にはピリオドを打ちましたが、これまで多くの仲間に支えてもらった感謝の気持ちを、形式や概念に捕われない自由なスタイルで社会へ恩返ししたいと考えています。

――これから取り組もうと検討している方々へ一言――

もっと好きな自分自身になれます。日々の自己成長が、なりたい自分への一歩につながります。まずは、リフレクションでその一歩を！

RAKUGOを世界へ！
――柳家 東三楼さん（真打 落語家）

日本の誇るべきコメディ「落語」を「ＲＡＫＵＧＯ」として世界に広めようと、落語家初のアメリカ・アーティスト・ビザを取得し、２０１９年にアメリカ・ニューヨークに移住。21年にRakugo Association of America を設立。16年には文化庁芸術祭を受賞。古典落語の名門柳家に入門して今年で25年。

――リフレクションに取り組んだ背景

これまで20年以上の噺家《はなしか》での経験が、異国の地・アメリカでもそのまま通用すると思い至るようになりました。自分の可能性を信じるエフィカシーが高いまま、ゼロからのアメリカ移住を決断しました。落語界では今までなかったアメリカ移住を、自分らしく成し遂げるために取り組みました。

――実践による成果

５年後に描いていた自分の姿は３年で成し遂げました。収入の面でも目標とした額の１・５倍以上。プライベートも幸せに過ごしています。

日々実践しているリフレクションとは

どのように10年後、5年後の自分が存在しているかをリアルに思い浮かべ、それが自分にはできるという確信を持つためにリフレクションを実践しています。アメリカで挑戦することはすべて前例のないこと。でも、僕ならば当たり前のようにできる、またそれ以上にできると自信を持つ姿を日々リフレクションしています。できないのではないかと思って行動をしないのが一番自分らしくないと感じています。

これからの挑戦

アメリカをはじめ、世界中に落語と日本の文化を広げていきます。今年は落語に必要な道具を車に積んで、ゲリラ的に会場をセットして全米を周り、とにかく英語で「RAKUGO」を広めていきます。そして、2024年の春には史上発のNYカーネギーホールでのRAKUGO公演を予定しています。

これから取り組もうと検討している方々へ一言

「自分にはできる」というエフィカシーを高く保てる体感が重要です。「自分ならこれくらいできて当たり前」という気持ちが強くなると、難しいと思われる仕事や挑戦に対しても迷いなく取り組めるようになります。

正しさよりも優しさ

――横井 宏明さん（経営者）

株式会社 五鈴精工硝子 取締役。社会人人生のほとんどを海外で生活。現在はロサンゼルス在住17年。アメリカを起点にグローバルに新規の事業を展開中。２０２３年に浄土真宗の僧侶として得度を予定。

リフレクションに取り組んだ背景

大学を出て就職、あっという間に40歳を過ぎ、気がつけば学生時代に描いていた夢は達成していました。次の目標が定まらず、ただ目の前にあることだけに忙殺されて日々を過ごしているように感じていました。

―**実践による成果**―

やりたいことを達成できたプロセスと仕組みがよく理解できたので、自然と新たな挑戦をしたくなりました。仕事面ではNASA、GAFA、大学や研究所の方々と、積極的にこれまでに世の中になかったワクワクできる製品をコラボレーションして新しく作り出していける環境に楽しく身を置くことができています。

―**日々実践しているリフレクションとは**―

「めんどくさい」「いやだ」というネガティブなセルフトークを、「楽しい」「いいかも」というように意識的に変えています。あらゆる判断で抽象度を上げて、「本当にやりたいことは何か?」というリフレクションを心がけています。

―**これからの挑戦**―

「正しさよりも優しさ」を掲げて、公私ともに世界中の人のHappinessの役に立ちたいです。まずは世界に誇る日本の僧侶として得度を予定しています。

これから取り組もうと検討している方々へ一言

本当にやりたいことを臨場感を持って意識するだけで達成できる。脳（あなた）はありのままの素晴らしい機能を持っています。ドリームキラーに負けないで一緒に突き進んでいきましょう。

グローバルなビジネスの場で勝負を

―― 染川 大輝さん（ビジネスリーダー）

金融機関、外資系コンサル、アメリカでの事業会社責任者、アート事業、外資系企業とわたり歩く。日本で生まれ育った中で英語も勉強し続け、念願のアメリカでの勤務も実現。主体的にキャリアを切り拓き、気づいたら自分の描いたビジョンを実現してきた。

リフレクションに取り組んだ背景

グローバルなビジネスの場で本格的に勝負するために、自分自身をより深く知りたいという課題を持っていました。自分の可能性をどのように切り拓くのか、自分を見つめ直す時間を確保したいと考えていました。

実践による成果

自分自身の内面、周囲の影響について、理論に基づいて分析し、整理できるようになりました。自分自身や周囲とのコミュニケーションも改善されました。自分の将来ビジョンについても多面的に見ることができるようになりました。本当に自分の可能性を追求する上では仕事だけではなく、家族、健康、趣味、経済状況、社会貢献など、さまざまな要素に目を向けて、自分の価値観を大切にするようになりました。短期で設定したゴールの大部分は、気づいたら達成していました。

日々実践しているリフレクションとは

日々将来ビジョンを達成している姿を思い浮かべるようにしています。1つ1つのセルフトークを言い換えるように意識しています。また、直感的にうまくいくと思ったり、逆に違和感があると思ったときにはその直感を大事にして、その理由を探るようにしています。

―これからの挑戦―

自分の可能性を探求する姿勢が、新たなビジョンにつながると感じています。とりわけ他者との縁が新しい視点につながることを学びました。他の人から受ける影響や縁を大事にして、いろいろな人を巻き込みながら、今後もより大きな挑戦を続けます。

―これから取り組もうと検討している方々へ一言―

コーチと取り組むリフレクションはとても効果的です。欧米のエグゼクティブでは一般的で、忙しい方ほど効果的に自分自身について考えるきっかけに活用しています。また、Global Challengerのすすめのコミュニティで、自分の理解や考えたことを共有することにも、大きな気づきと学びがありおすすめできます。

ワクワクすることを優先する生き方へ

——小森 愛子さん（ビジネスリーダー）

大手外資系IT企業にて約20年勤務。キャリア最優先の生き方をしてそれなりに充実していたが、子育て、コロナ禍が生き方を見つめ直すきっかけとなり、他者が定義した成功を目指す生き方を変えたいと思い退社。現在は自分が幸せに生きることを大前提とする生き方にシフトし、かねてから興味があった幼児教育の場を提供すべく準備中。東京在住。夫と息子の3人家族。

リフレクションに取り組んだ背景

会社の定める正解に従った働き方に疑問を持ち始め、ワクワクすることを優先する生き方へ変えたいと思いつつも、どのように変えていいかわかりませんでした。会社外での勉強は始めていましたが、実際にどのようにマインドや行動を変えていいのか、悩む日々を過ごしていました。

実践による成果

仕事最優先の考え方だったところから、家族、健康、友人、お金、趣味、学びなど、人生の大切なことすべてを含めてどのように生きたいかを考え、本来の自分がやりたかった生き方を描くことができました。自分が思ったことは実現できるという考え方に変わり、自分を信じる度合いが深くなりました。

日々実践しているリフレクションとは

「何でもできる私だったらどのように選択するか」を考えるようにしています。また、やりたいことができたとき、どのような感情でいたいかを味わうようにしています。自分の思い込みや過去の経験からの制約を外すようにも心がけています。目の前のトラブルに意識がいってしまう場合は、抽象度を上げて考えるように気をつけています。

これからの挑戦とは？

自分を表現する活動をしていきます。

これから取り組もうと検討している方々へ一言

今までの経験や環境からくる思い込みに縛られていることは、誰しも気がつきにくいものです。しかしリフレクションを行なうことで、可能性しかない自分として生きやすくなります。いろいろな無理や駄目に縛られず、心が喜ぶ生き方へ変わります。「〜べき」に従って今を楽しく生きられていないと感じる方は、ぜひ試してみてはいかがでしょうか。

世界の人々がともに価値を創造する未来を

――ホール 奈穂子さん（経営者）

計16年間の国立大学法人九州大学での勤務を経て、２０１７年にギャビーアカデミーをカナダで起業。東京大学の酒井邦嘉教授と共同研究開発した言語脳科学的メソッドで英語コミュニケーション力を習得するプログラム「Gabby（ギャビー）」を開発提供している。カナダ・バンクーバー在住。

リフレクションに取り組んだ背景

大学職員から、まったくの未経験であるスタートアップの経営に取り組むこととなりました。日々の目の前の出来事に一喜一憂したり、世の中の輝かしい経歴を持つスタートアップ経営者と自分を比較したりして、自信を喪失していました。また、親会社とを横断するような複雑、かつ事業に対する温度感の違う人間で構成された組織を牽引することの課題を感じていました。

実践による成果

物ごとを見るときに、抽象度の上げ下げが自在にできるようになりました。立場の異なるチームメンバーが同じビジョンを共有できるように、リーダーとしてのかかわりができるようになりました。仕事のためにすべてを犠牲にしてがむしゃらにがんばるのが正しい道だと自分で首を絞めていた状態から解放され、多面的に目標を設定し、重層的な人間になることに恐れがなくなりました。

日々実践しているリフレクションとは

・「これは自分が心からやりたいことか？」と自分自身に問いかけています
・チームとビジョンを共有しています
・目標を遠くに置き、盲点をなくせるように気をつけています
・意識的なセルフトークに取り組んでいます

これからの挑戦

可能な限り多くの国境を超えて活躍したいと願っている人に、Gabbyを届けることに全力を尽くします。世界の人々が自分の言葉で国境を超えて、ともに価値を創造する未来のビジョンを共有する仲間を増やし、一緒にGabbyを広げていきます。

これから取り組もうと検討している方々へ一言

無意識を意識的にコントロールすること、つまり脳を自分でうまく動かすスキルを手に入れられれば、自分の可能性は無限に伸びると思います。そのことに気づき、実践した人だけが、自分の未来を自分でコントロールできると信じています。

光で笑顔を照らす

――池田 幸一郎さん（経営者）

2014年の民事再生法の適用・事業譲渡を乗り越え、さらなる飛躍に向かう、「光で笑顔を照らす」面白い会社、五鈴精工硝子の代表取締役社長。

リフレクションに取り組んだ背景

当初はあやしさを感じましたが、脳の仕組みに基づく科学的なアプローチであることが理解できたため関心を持ちました。仕事上で感情的になることが少なくなく、従業員との効果的なコミュニケーションに課題がありました。事業成長に向けた社員育成や組織文化形成に悶々とし、あらゆる判断に1人で責任を持つ環境で、経営者の孤独を感じていました。

実践による成果とは？

理論的な裏づけを持てるようになった結果、自分の判断に自信を持てるようになりました。また「光で笑顔を照らす」という会社のビジョンが明確になり、社内外へのコミュニケーションの軸ができました。全社にもリフレクションに取り組む研修を導入して、共通言語で会話ができるようになりました。

日々実践しているリフレクションとは

週末のジョギング中に、自分や仲間、組織の可能性に意識を向ける時間をとっています。コミュニティに継続して参加し、自分に意識を向ける時間、仲間にエフィカシーを高めてもらう時間を確保しています。また、毎日社員へのメール発信を継続しています。

これからの挑戦とは？

会社のビジョンである「光で笑顔を照らす」を実現する、社員が存分にやりたいことに取り組める会社、面白い会社として成長させます。

――これから取り組もうと検討している方々へ一言――

誰にでも試す価値が間違いなくあります。経営者として責任を持った判断に、理論的な裏づけを持てるようになります。また、Global Challengerのコミュニティは、孤独な経営者にとってかけがえのない価値を感じます。同じ思いを持ち、それぞれの世界に挑戦する仲間との関係が心強いです。

毎日起きるのが楽しみで仕方ない日々
――中谷 毅士さん（経営者）

生命保険代理店を経営。元大手外資系IT企業にて勤務後、事業承継のため地元の広島に戻る。

リフレクションに取り組んだ背景

仕事で新たなフェーズに差しかかっているタイミングで、日々やることに忙殺され、現状を意識し過ぎて自分のビジョンや目標が曖昧になっていました。また私生活においても困難な状況で体調も悪くしており、もどかしさも感じていました。

実践による成果

自分自身にかけているさまざまな「制約」を整理して、将来のイメージが具体的になりました。また過去に目標達成ができた経験を振り返ることで、忘れていた自分自身の力を思い出し、意欲が戻りました。

まずは土台となる健康面の課題が、自分にとっては「心地よくない」状態だと気づき、半年で大幅なダイエットにも成功し体調も劇的に改善しました。並行して仕事に取り組む集中の度合いも増して、新たなフェーズに対して成果が出ています。

日々実践しているリフレクションとは

「自分はどうなりたいか?・」「自分が見たい景色は何か?・」をシンプルに言語化したものを毎朝数分見て、アファメーションに取り組んでいます。また、今でも自分の先入観でついついかけてしまう「制約」を「できる！　やるためには？」という思考に変えるように心がけています。このような取り組みをしていることを、価値観を共有できる仲間と共有して、お互い刺激を得るようにしています。

――これからの挑戦――

仲間を増やして、つながる人が豊かになれる機会・体制を築くことに取り組んでいきます。公私ともに「毎日やりたいことに次から次に取り組んで、明日起きるのが楽しみで仕方ない日々を過ごしている」ことを実現していきます。

――これから取り組もうと検討している方々へ一言――

これから取り組もうという意欲があることがまず大事です。ご自身を信じて取り組むことで、新しい景色を見ることができます。自分を信じて取り組んでみてください。

誰しもがなりたい自分になれる
——中村 倫子さん（ビジネスリーダー）

大学・修士ではバイオサイエンスを専攻し、外資系IT企業に就職するも入社4年目に休職。青年海外協力隊員として中米・ニカラグアで活動。その後、国際協力分野での活動を求めて退職、東北大震災でのボランティア、NGO職員を経験。IT業界に戻り個人事業主を経て、現在は製薬会社に勤務。

リフレクションに取り組んだ背景

仕事ではやるべき業務が山積し、それをこなさないといけないという義務感で毎日があっという間に過ぎ去っていました。自分自身の未来を見据えた思考や行動ができておらず、複数の年長者を含む部門運営においても、メンバーと対話し相互理解を深めながら組織力を向上させていくことの難しさを感じていました。

実践による成果

「制約がなかったらどうなっていたいか」「そうなった自分ならどうしているか」というキーフレーズを常に念頭に置くことで、目の前のことだけに意識を向けるのではなく、俯瞰的・客観的に現状を捉えることができるようになりました。そして、これまでにない自分の行動につながるようになりました。また、メンバーとのコミュニケーションにおいて、彼らの現在の役割や担当業務に限定せず、生活全体として多面的な視点でコメントやアドバイスができるようになりました

―**日々実践しているリフレクションとは**―

自分のビジョンを意識する、臨場感のあるセルフイメージを描くようにしています。「～すべき」「～しないといけない」というセルフトークを意識的に「～したい」「～する」に置き換えています。

―**これからの挑戦**―

世の中の固定概念に囚われず、これからも成長を実感しながら、周りの人々の人生や世の中によい影響を与えていけるようにアクションを起こし続けていきます。

―**これから取り組もうと検討している方々へ一言**―

過去に囚われず未来を見続けることで、誰しもがなりたい自分になれるということを学びま

した。また、そうなっていく仲間を間近で見てきました。みなさんも確信を持って、ワクワクしながらリフレクションに取り組んでください。

Diversity is Power. Quality is Trust
――田畑 博司さん（ビジネスリーダー）

日系大手ＩＴ企業のアジアリージョンの責任者。フィリピンを拠点に、アジア４か国に跨って６０００人のメンバーが所属するグローバル・デリバリー・センターを率いる。趣味はテニス。

リフレクションに取り組んだ背景

日本で培った経験と英語力があれば通用すると考えていたポジションで、国籍の異なるメンバーに適切な指示を出すことはおろか、チームのメンバーにビジョンを示せないまま、ただ目の前の業務に忙殺される日々を送ってしまっていました。自分が思い描くグローバルリーダー像と現実にギャップを感じていました。

実践による成果

本質的な視点をより意識し、より長い時間軸に置き換えることで、自分の行動に納得感が生まれ、高い視座で仕事仲間や家族と接することができるようになりました。仕事上のパフォーマンスも向上しました。

日々実践しているリフレクションとは

1日の初めに、机に何も置かずコーヒーをゆっくり飲む時間を大切にしています。力を抜いて、ゆっくりと呼吸をする。遠くの空を眺める。外の音に耳を傾ける。10年後のやりたいことをできている自分をイメージする。家族と笑い合い、仲間と一緒にいるイメージを高めています。1日10分のことですが、結果につながる高い効果を実感しています。

これからの挑戦とは?

今では担当するメンバーが6000人を超えました。チームのビジョンを「Diversity is Power. Quality is Trust（多様性は力、品質は信頼）」として、4か国に跨る国籍のメンバーたちと1つのビジョンに共感し前に進んでいきます。そして何より自分が目指すグローバルリーダーとしての姿をイメージしながら、さらに自分を高みに上げていく挑戦をしていきます。

これから取り組もうと検討している方々へ一言

脳の仕組みを理解する科学的なアプローチには、高い納得感があります。仕事だけに捉われず人生を思考の中心に置き、日々の生活の中で継続的に実践できます。自分の可能性に挑戦を続けるコミュニティのメンバーと意見を交わせる環境も貴重です。

今を生きる表現者
——小澤 綾子さん（命に向き合い今を生きる人）

シンガーソングライター・社会活動家。進行性難病を抱え、車いすに乗り全国・海外で歌、講演、モデル、司会、インクルーシブコンサルなどあらゆる活動を行なう。日本ＩＢＭ勤務、一児の母。２０２０年東京パラリンピック閉会式出演、25年関西大阪万博応援ソングを歌うバンドにも参加中。著書に『10年前の君へ　筋ジストロフィーと生きる』（百年書房）がある。

リフレクションに取り組んだ背景

治療法がなく、寝たきりになる難病を宣告され、未来が真っ暗になり、人生のどん底に落ちました。長い間、その問いに苦しみ続ける中で、同じ病気で30年間寝たきりの友人との出会いが、「限られた命であることは誰しも変わらない、人よりも元気でいられる時間が短いのなら、誰よりも今を全力で楽しく生きていこう」と思えるきっかけになりました。

― 実践による成果とは？ ―

どんな病気や障害があっても、誰もが自分らしく輝く未来を作りたいと強く描くようになり、病気や障害のイメージを超え、さまざまなことにチャレンジして啓発活動に取り組むようになりました。ファッションショーやミュージカルに出演したり、テレビやメディアでの発信活動をしたり、本を出版したり、夢だった東京2020パラリンピック閉会式にパフォーマーとして出演したりと、ありがたいことに夢ややりたいと思うことがどんどん叶えられています。何よりも、夢を叶え続ける仲間と、応援してくれる人たちに囲まれ、病気がありながらも心から幸せだと思える日々を過ごせるようになったことに心から感謝をしています。

― 日々どんなリフレクションを実践をされていますか？　何に気をつけていますか？ ―

過去やすべての前提条件に囚われず、「本当は自分は何がしたいのか、どんな未来を作りたいのか」とリフレクションしています。具体的には「夢ノート」と名づけ、1か月に1回真っ白なノートに向かう時間をとり、自分が最高だと思う未来をリストアップしています。

難病障害があると否定的な言葉を投げかけられたり、何もできないというイメージを持たれることが多いのですが、そのような周りの声に引きずられないようにしています。できることを大切にして、チャレンジし、自分の可能性を信じて広げています。壁にぶち当たったときは、何かやり方を変えればできるはず、と発想の転換も普段からするよう心がけています。また、すでに夢を叶えている人に会い、ビジョンに向けて突き進む仲間との交流時間を多く持っています。

これからの挑戦

病気や障害を乗り越えて一度はあきらめた出産も実現できました。ここまで病気を持ちながらもさまざまな夢を叶えてきた今だからこそ、これから先の未来で「子どもと一緒に大好きな海で走る」という夢をイメージしています。

これから取り組もうと検討している方々へ一言

どんな人も自分の可能性や未来は自分でいくらでも広げることができます。過去の私も含め、あきらめて本当に実現したい未来を阻んでいるのは自分自身です。一歩を踏み出すのは誰しも時間がかかるし勇気もいることです。しかし、一生に一度の人生です。誰にも遠慮せず、やりたいことを最大限に描いて実現するため、みなさんにも一歩を踏み出してほしいと思います。想像もつかなかった最高の未来で会えるのを楽しみにしています！

人生いろいろ、カラフルに生きる

―― 中岡 花子さん（命に向き合い今を生きる人）

親の看護、育児に合わせた職種や働き方の変更の経験を経て2014年メガバンクへ入行。入行後、難病全身性エリテマトーデス、浸潤性小葉がんと診断。治療しながら生き、働く。

リフレクションに取り組んだ背景

キャリア採用でメガバンクへ入行したものの、難病、がんとさまざまな病気がやってきました。病気とのつき合い方、どうしてもフォーカスしてしまう病気とともに生き、働くことを模索していました。また、職場や周囲の理解を得て生きること、働くことがうまくいかずにいました。

実践による成果

ものごとを多角的に捉えたり、抽象度の上げ下げがうまくなり、病気に囚われてしまう自分を整える術が身につきました。また、2021年夏に受けた乳がんの摘出手術の際には、大学病院の教授たちや専門医が驚くほどの術後回復を経験しました。主治医からは過去の入院や難病の特性上1か月以上の入院の覚悟を伝えられていたにもかかわらず、自分にとっても過去最短の10日間で退院できました。

入院中は実直にアファメーションとセルフトークを日々意識しました。仲間とのBBQを楽しむ自分の姿などを臨場感高くビジュアライゼーションしました。医師や看護師のリスクを恐れたドリームキラー的な姿勢や発言に対しても、「私は大丈夫」との高いエフィカシーを維持できたことで、心から望んだことが結果につながりました。

日々実践しているリフレクションとは

毎日発しているセルフトークを意識しています。病気があれば体調が悪い日も多く、正直、気持ちだけで一気に回復！　とはいかないのは現実的にはあります。ただだからこそ、そんな自分の体調も受け入れながら、その先に自分がありたい姿、やりたいことをセルフトークとして置き換えることにしています。

①今日はしんどいからやれることやれたらオッケー！　明日はもっと笑顔になる
②相手がわからないのは当たり前なんだから、察してもらうのではなく惜しみなく伝えよう

などを言葉にして、さらにそれをビジュアライゼーションしています。

――これからの挑戦とは――

すべての人にとって生きること、働くことに選択肢のある社会の中で、自分の人生をしなやかに生きることができる人を少しでも増やすこと。そのためにも今まで私がつないできた手と手を、同じ思いを抱くさらに多くの人たちとつないでいける活動をしていきます。

――これから取り組もうと検討している方々へ一言――

人は揺らぎの中で生きていると思います。そのときのありのままの自分を受け止めながらも、自分自身の可能性を見失わないでください。常にポジティブでなくてもいい。マインドの使い方で自分も世界も変わります。

リフレクションは自分を高める手段

――安生 正壇さん（経営者）

グローバルビジョンテクノロジー執行役員。ギャビーアカデミー専務取締役。

リフレクションに取り組んだ背景

社内教育について思案している際に出会いがありました。自分もIT技術者なので論理的思考で業界を生き抜いてきましたが、リフレクションは論理的に納得ができて、自分自身も無意識に実践してきた内容でした。

実践による成果

社内メンバーに導入したところ、大人になってから変えるのは困難な考え方やいろいろなものに対する視野の広がりに向上があり、仕事環境、家庭環境など、さまざまな変化が見られるようになりました。私自身もリフレクションをより深く理解することで、今までにない視点を手に入れました。さまざまな面で効果を実感しています。

――日々実践しているリフレクションとは――

リフレクションの理論を、社内の共通言語として活用しています。お互いを高め合う関係につながっています。

――これからの挑戦――

仕事、プライベートを含め、より多くの人にリフレクションの考え方を広めて、新しいイノベーションを起こしていきます。

――これから取り組もうと検討している方々へ一言――

大人ですので初めは疑うことから入ると思いますが、素直な気持ちで取り組むことで、より大きな成果が出ると思います。もちろん私も疑いから入りました（笑）。

リフレクションは、自分を高める手段として優れています。ぜひ楽しんで実践してみてください。

人を幸せにする人生

――近藤 徹也さん（ビジネスリーダー）

ＩＴ業界で20年以上営業職として過ごす。漠然と就職活動をする中で運よく内定した外資系企業に入社し、アメリカ・シカゴでの海外勤務も経験。その後、ＩＴ業界内で転職し現在に至る。

リフレクションに取り組んだ背景

40代半ばとなり、将来のキャリアや10年後に何をしたいかと悩んでいたタイミングでした。仕事に大きな不満はない反面、もともと本当にやりたいことではないといった思いもありました。ＩＴ業界は大きな取引が華やかに見える一方、利用している人が本当に喜んでいるという実感を得られにくい世界です。何かを変えなくてはいけないと漠然と思いながら、日々の仕事に忙殺されてました。

実践による成果

仕事中心の生活から、多面的に自分のやりたいこと、どうなりたいかが明確になりました。

将来やりたいことに意識を向けて生活するようになりました。結果として、仕事の効率化や毎期の営業目標の達成など成果も上がり、プライベートともバランスが取れた生活を過ごしています。

―日々実践しているリフレクションとは―

仕事面では、どんな仕事でも必ず成功できる、成果を出せるというマインドで取り組んでいます。自然と成功するための手段を見つけ、結果につながっています。また生活面では、10年後にどうなっていたいかを多面的に意識するようになりました。目標に向かって情報を収集し、家族と過ごす時間や、友人との接点、社外活動を増やすことができ、充実した生活を実現できています。

―これからの挑戦とは?―

55歳にはサラリーマンを辞めます。人を幸せにする、人に喜んでもらえることをより身近に実感できることを生きがいにします。

これから取り組もうと検討している方々へ一言

多くの人は日々の目先の仕事をこなすことに集中してしまいます。視点を変え、将来の目標をあらためて考えるリフレクションの機会はとても貴重です。私は人生の中で与えられた時間を無駄にしたくないと気づき、行動が変わりました。気軽に参加でき、さまざまな業種の方の考え方やマインドを吸収でき刺激を受けるコミュニティも大変有意義です。

スーパーな自分で生きる

——瀬川 千晶 さん（ビジネスリーダー）

山口県の田舎に生まれ、10歳で埼玉県に引っ越す。都会の男の子に馴染めず、中学から中高一貫の女子校に進学。大学卒業後、アルバイト先で製品を使っていたことがきっかけとなりサイボウズ株式会社に入社。新人賞の副賞で出向いたアメリカ出張時に出会った夫と結婚し、英語嫌いかつまったく興味がなかったのにアメリカ生活にチャレンジ中。

リフレクションに取り組んだ背景

本当に何も考えず「えいや！」でアメリカに引っ越してきて、言葉が通じない、車がない、運転もできないから簡単に移動ができない、友達もいない、仕事もない、かつコロナ、という展開に。引きこもり閉じこもり、でもどうしたらいいかわからないという毎日が続いていました。目の前のことで悶々としていた自分にとって、「何でもできるならどういう自分でありたい？」という問いかけは衝撃的で、そのときのことは今でもよく覚えています。

─実践による成果─

当時できなかったこと、周りの人たちを見てすごいなぁ、と思っていたことは自然とすべてできるようになりました。今は日系大手企業に就職し、英語を使って働くことにチャレンジ中です！

─日々実践しているリフレクションとは─

未来のスーパーな自分（スーパーちあきんと呼んでいます）はどうするだろう？　どういう判断・行動をとるか？　と考えて行動することを心がけています。

目の前の大きな悩みや困難も、「スーパーちあきんからしたらしょうもないことだな」「将来振り返ったら笑い飛ばせそうだし、そんな悩むことないや〜」となります。スーパーちあきんが助けてくれる、導いてくれるというか、自分が2人いるような気持ちになり心強いのでおすすめです！

――これからの挑戦――

常識に囚われず、自分のやりたいこと、なりたいスーパーな自分になります。

――これから取り組もうと検討している方々へ一言――

現状を変えたい！　何だかわからないけど今の自分は違う気がする！　という方は、ぜひスーパーな自分を想像してみてください。きっとスーパーな自分が、あなたのことをきっと助けてくれるはずです！

心から望むことを楽しむ

——片山 泉さん（経営者）

グローバルビジョンテクノロジー 執行役員。

リフレクションに取り組んだ背景

アメリカで一旗揚げる決意をして、日本の家を引き払い、不退転の決意で臨んできました。しかし、ずっと空回りしていた感覚がありました。気負えば気負うほど空回り感が増して、なかなか成果につながるような動きができず、異なる文化でのコミュニケーションや業務の進め方や方向性を模索していました。また、体調も悪化して、マインドフルネスやサプリを探したりと試行錯誤していました。

実践による成果

気負うのではなく、「心から望むことを楽しむ」というマインドに変わり、歯車が噛み合ってきました。俯瞰して物ごとを考える習慣が身につき、対人のストレスが大幅に減少しました。またストレスが要因だと思われる体調不良も改善しました。リフレクションに取り組むことで、同じ思いを持つよい仲間も増えてきました。

――日々実践しているリフレクションとは――

迷ったときは一呼吸を置き、俯瞰して考えるように心がけています。また、急な判断を迫られる場面では、「心から望む自分だったらどう判断するか」を意識しています。両方ともまだ伸び盛りです。伸びしろがあるので、今後もますます加速していきます。

――これからの挑戦――

仲間と一緒に楽しみながら、新規ビジネスを拡大して、安心して自己成長できる環境を提供していきます。

――これから取り組もうと検討している方々へ一言――

必要とするタイミングで取り組めた私はラッキーでした。書籍を読んで興味を持たれた方は、プログラムに参加して実践することをおすすめします。グループ・ディスカッションでは、仲間からのプラスのマインドをもらえます。1on1では自分自身にフォーカスして考える時間がとれ、大変有意義です。

無限の可能性を信じて

——木村 直樹さん（ビジネスリーダー）

日系グローバル企業に技術者として就職するも、20代のうちに海外で生活してみたいという思いが強くなり、4年間の勤務の後、退職を決意。1年間のニュージーランド生活を経て帰国。古巣の情報システム部門に再就職し、国内外の基幹系システムの導入、業務プロセス・モノづくり変革に注力。現在は希望した社内異動により海外事業推進に携わる。

リフレクションに取り組んだ背景

会社では変革をけん引する人材になろう、国からは人生100年時代だから学び続けようと言われているが、「自分が何をしたいのか」という自身のことがわからず、「自分はこのままでいいのか？　変わりたい！」と漠然と思いながら、日々の業務に忙殺されている状態。そのため、自分の可能性を見つめる時間をまったく持てていませんでした。

実践による成果

自分が大切に思っていること、未来のありたい姿を明確にすることができました。結果として、目の前のことに追われている状況から脱却し、未来志向でモノゴトを捉えることができるようになり、前向きな言葉でコミュニケーションができるようになりました。また、何かを成し遂げるためには何かを犠牲にするという考え方を改め、大切なものを犠牲にせず、心から望むことに多面的に取り組めるようになりました。

日々実践しているリフレクションとは

とにかくセルフトークに意識を向けています。意識すると、常にネガティブなことをつぶやいていることに気づきます。そのつぶやきの中から「自分らしい自分になるためのヒント」を意識的に拾い上げ、行動を変えるために使っています。

これからの挑戦とは?

最近、自分の可能性を信じて社内異動にチャレンジしました。新しい環境で新しい仕事を通して、さらなる未来に向かって自己変革を続けていきます。そして、その過程を周りにいる人たちに見せることで、多くの人に自信を持って自分の望むことに挑戦してもらえるように影響を与えていきたいです。また、逆に周りの人の姿を見て、自身の成長にもつなげていく好循環も作っていきたいと思います。

これから取り組もうと検討している方々へ一言

自分自身を見つめ直す時間がこれまで持てなかった人は、ぜひ一度、取り組んでみてください。自身が気づいていなかった本心に気づき、未来の自分だったら今どう行動するだろうという視点で毎日を過ごせるようになります。自身の無限の可能性を信じて、一緒に成長していきましょう！

自分が行きたい場所は自分自身が知っている

――田中 英治さん（経営者）

Global Vision Europe　代表取締役社長。

リフレクションに取り組んだ背景

デンマーク・コペンハーゲンに新会社を立ち上げ、さまざまなタスクをこなしていく中で、自分が何のために仕事しているのかをより明確にしたいといった思いがありました。

実践による成果とは？

リフレクションを実践して、多忙な中でも自分自身をほめることで、心から望む自分らしさを保っています。仕事前に黙想することで、仕事の生産性が上がり、余裕も生まれました。描いていた夢がさらに明確化され、夢の実現に向かう人生を過ごしています。

日々実践しているリフレクションとは

- 仕事前の黙想
- 自分のビジョンを意識
- 楽しく過ごしていることをいつも確認
- 「したい」でなく「する」を使用

――これからの挑戦とは？――

・会社を拡大させ、世界展開します

・自分自身と周りにいる人たちが「心から楽しい！」と思える環境を広げます

――これから取り組もうと検討している方々へ一言――

自分が行きたい場所は自分自身が知っています。迷ったら頭よりも心が何をしたいのか、胸に手を当てて聞いてみてください。自分自身の人生の選択。その選択を自分自身でしていることがわかっていれば、後悔はしないはずです。

自分の可能性に挑戦した私の軌跡

西原 大貴

心から望むストレッチなゴールを持つ

私の人生は本当に人との縁、コネクションに助けられてきました。学生時代の漠然とした海外生活の夢を実現できたことも、多くの尊敬するメンターの方々とコネクションを作ることができ、みなさんに鍛え、応援していただいたおかげです。

メンターとして師事する樋口英雄さんとの出会いは、担当するお客様のキーマンとして樋口さんがご就任されたのがきっかけでした。

「過去のしがらみを捨て、是々非々で長年にわたるパートナーシップの全面的な見直しを検討する」というお立場で、IBMにとって、また担当営業の私にとって、とても厳しい方でした。数百億円規模の失注もあり得るという強烈なプレッシャーの中、樋口さんから多くのことを学び、鍛えていただきました。とても高い要望・期待に正面から取り組みました。日本だけでなく、グローバルの力を結集して、お役に立てることを無我夢中に探し、取り組み続けたことを評価していただくことができました。

「何事もあきらめず、思うことに突き進める素直さは、ご両親に愛されて育ったからだと思うから感謝すべきだ」と伝えていただいたことは今でも覚えています。仕事でもとてもお世話になりましたが、懇親会や国内外の出張にご一緒させていただいたときには、私のキャリアについてもいろいろなご相談に乗っていただきました。私が海外への挑戦を望んでいることを応援してくださり、深圳、上海、大連、アムステルダム、シカゴなどへの海外出張や、多くのグローバル案件にかかわる機会をいただきました。

仕事の心構えもいろいろご指導していただきました。中でも「ストレッチなゴールを設定して、そのゴールを超える成果を出す」という言葉が強く記憶に残っています。残念ながらまだまだ実践できたとは思いません。ただ振り返ると、その心構えには自分の可能性に気づくための、「見たいものは見える脳」の仕組みについての教えだったということに気づきます。

そして、担当させていただいて数年が経ったある日、当時米国本社上級役員だったトッド・カートリーさんとの定例会議がありました。終了後の懇親会の場で、樋口さんから「西原は我が社のためによくがんばってくれた。そろそろ次のキャリア・ステップのタイミングだ。西原をアメリカに連れて行って鍛えてやってはどうだ?」とトッドさんにお伝えいただいたのが、私の米国本社1年間の出向のきっかけでした。樋口さんの言葉を照れながら英語に通訳したのはよい思い出です。

お客様のキーマンからの口添えは効果絶大です。後日トッドさんに個別に電話会議で進路について相談した際には、トッドさんの補佐として1年間本社に出向して、面倒を見ていただけることが決まっていました。

漠然とした海外への憧れから外資系の日本法人に就職して13年、目的を見失わず、目的を実現する手段として日々の仕事に打ち込み、自らの成長に危機感を持ち、多くの方々に夢を相談して、応援してくれる方々に出会えたおかげでした。

退路を断ったアメリカ本社への転籍

２００９年11月からトッドさんの補佐としてシカゴで1年間お世話になることになりました。トッドさんは将来の米国本社の社長候補の1人として周囲の大きな尊敬や期待を集めるリーダーでした。トッドさんのそばで1年間を過ごすことは、日本の子会社の、しかも課長レベルの社員にとってはとてつもなく恵まれた特別な事件でした。

大きな夢の1つだったアメリカで働くことをこれ以上ない最高の形で実現した私にとって、次の夢は世界に通用するグローバルリーダーになること。日本のお客様にもっと役に立てるグローバルリーダーとして成長して、同じ思いを持つ同僚たちが世界に挑戦する機会となる組織を世界中に広げる事を妄想していました。アメリカはその第一歩、日本には帰るつもりはなく、世界各極に活躍の場を広げることを妄想していました。

そのためには、まずは1年間の出向で終わるのではなく、そのまま日本に帰ることなくアメリカで働き続けられる米国本社転籍を目標としました。２０１１年以降もアメリカに居続けることを強く意識し、その希望をトッドさんにも伝えていました。

おかげで業務だけではなく、トッドさんとは週末のよきテニス・パートナーとして公私にわたるコネクションを築くことができました。そしてトッドさんとのコネクションにより、当初の目標であった米国本社への転籍についても面倒を見ていただけることになったのです。

本来、日本法人にとっては、米国本社役員の仕事の流儀を知り、コネクションを作り、将来の日本法人の幹部として日本法人のために成長することを期待された本社出向です。そのため、居座って米国本社に転籍する日本人は極めて限られていました。第一線の営業として異動した日本人は私が初めてだったのです。

そのような背景もあり、私が転籍を前提に日米社内調整を進めていたときに、当時の日本IBM人事担当専務・坪田國矢さんからも念押しのお電話をいただきました。

「日本に帰れば出世の道があるのに、転籍して本社のエリートたちと厳しい競争をする覚悟があるのか？　トッドさんのスポンサードを得ているのだから、転籍のリスクを取らずに日本に籍を残し続けて出向を続けるオプションもあるよ」と、私のキャリアを心配しての覚悟を確認する言葉には正直相当気持ちが揺らぎました。

そんな状況で、出向を続けるか転籍かを深く悩んでいた私を決心させたのは、日本の同僚がふと言葉にした、「おまえはうまいことやるな」の軽口でした。その一言への反骨心が、軽くない自分の思いを思い出させてくれたのです。

自分の夢と、応援してくれたお客様や先輩・同僚・後輩・友人のことを思い出しました。そして「悩むときは自分の成長のために厳しい道を選びたい」というアドバイスを思い出させてくれたのです。

そのときは、退路を断ち、思い切った判断をしたなと思いましたが、その判断は間違っていませんでした。もし出向の継続を判断していたら、恐らくスポンサードを失う可能性もありました。しかし、退路を断って転籍を選ぶ判断をしたことで、最後まで面倒を見ていただけることになりました。

そして振り返ると、この重要な判断を正しくできたのは、「明確な目的意識を持ち、自分の決めた未来から逆算で今どうしたいのか?」というリフレクションができるようになったことだったのです。これは、多くの方々に長年応援してもらいつつ、鍛えていただいたおかげだと感謝しています。

日本法人を退職して、無事アメリカ本社への転籍をしたのは2011年2月1日でした。その数週間後に、ロサンゼルスでの日本的な接待が社内監査に引っかかり、早速クビになりかけたのもよい思い出です。

日本に鍛えられた人は世界で競争力を発揮できる

当初の目的通り、米国本社に居座ることが無事できた私にとって、次の大きな夢はグローバルリーダーになることでした。

日本以外では自国の社長の次ステップを米国本社やグローバルに求めることが多い中、世界で2番目の規模である日本法人には国内で十分なポジションがありました。そのため、さらなるポジションを求めて日本からグローバルに挑戦する必要性は限られ、かつ言葉や文化の問題もあり、わざわざ安全で住みやすい日本を出て、世界に活躍の場を求めるといった日本人は限られていました。

しかし、「人とは違うことに挑戦するのが自分らしい」と感じていた私にとって、日本発のグローバルリーダーとなること、そして同じような思いを持つ日本の同僚にも挑戦の場を提供できるようになることはとても刺激的な挑戦でした。科学的に「思考は現実化する」と信じていた私にとって、次に目指すべき絶好の夢となったのです。

まず与えられた環境で実績を出そうと、意気込んだ在米日系企業担当営業としての活動は、想定以上に順調で、すぐに結果を出せるという自信を得ました。日本の厳しい環境でお客様や上司・先輩に徹底的に鍛えてもらったおかげで、言語の問題はあっても、営業としてのスキル、マインドは十分に競争力があることをすぐに実感できたのです。

日系企業で働くアメリカ人エグゼクティブは日本人に好意的で、海外駐在をしている日本人エグゼクティブとの距離もとても身近でした。米国ではマイノリティである日本人営業であることが有利に働きました。文化や言語の障害はあっても、日本で鍛えられた気配り、相手を慮《おもんぱか》る心、勤勉さは、お客様や米国人同僚に高い付加価値を提供できることを確信できました。

「日本に鍛えられた人は、世界で競争力を発揮できる。日本の素晴らしさは、世界をさらに豊かにできる」と実感しました。

新しい挑戦のために、常に新しいことを経験している日々は特別でした。加えて、日本法人時代と比べてお客様や会社に貢献していないにもかかわらず、給料はどんどん上がっていったのです。

お客様も社内も仕事よりもプライベートを優先して生産性にこだわるので、勤務時間も大幅に削減されました。給料が上がるのはとても喜ばしいことでしたが、もっと大きな貢献をしていた日本法人時代は、アメリカ基準では買い叩かれていたのだということにも気づきました。

家族を大事にするのが当たり前というアメリカ社会のおかげで、日本にいたとしたらいろいろな誘惑だらけで身を持ち崩していただろうなと思うこともしばしばでした。異文化の中で非日常を生き残るために、家族一丸とならざる得ない環境が、家族の結束と成長につながったのは幸運でした。

生産性を高く、効率的に仕事ができることになり、プライベートも充実しました。日本を含めた年に数回の家族旅行や、趣味のテニスやマラソンにも打ち込めました。日本では出会わなかったであろうユニークな友人たちとの輪も広がりました。「圧倒的な生活の質の向上」を得て、申し分のない充実した生活を過ごしているつもりでした。

不都合な真実。夢をあきらめた話

しかし一方で、日本にいたときと比べると自らの成長の実感がなく、日本時代の貯金を切り崩している気分も持ち続けていました。振り返ると、次に掲げた日本発のグローバルリーダーになるという夢が、時間とともになくなっていたのです。

1つの大きな目標を達成できた自分に満足して、自らのさらなる成長、次の夢へのストイックさを失っていることに気がつきました。つまり、燃え尽きていたのです。その頃は、すっかりアメリカ生活に甘やかされ、資本主義に毒されていました。

甘やかされ毒されている自分に、自分を正当化する言いわけを見つけるのは簡単なことです。当初想定していたよりも十分な生活の質の向上を実現している。他に自分のようなキャリアや経験を持つ社員はいない。今の自分のポジションを脅かす存在もいない。アメリカに居続けることだけで特別感を出せる。本質的には成長していない自分を隠せる。いかに自分だけが楽をするか、楽に稼いでプライベートの充実を求めるのが正しい、といったことを考えていました。

そんな自分らしさを正当化させるいくつかの事件も重なり、日本発のグローバルリーダーになるという次の大きな夢をあきらめていました。

心の中で夢をあきらめたのは、正しい選択だと自分に嘘をついていました。一度自分に嘘をつくと、その嘘を正当化するために、さらに嘘を重ねるという悪循環にはまります。多くのメンターや先輩・同僚に応援してもらったと感じていたにもかかわらず、夢をあきらめたという自分に恥ずかしさを感じていました。

そして、夢をあきらめた自分を受け入れずに、自分に満足していると自分に嘘をついていました。その嘘を、表面的にはアメリカ生活を謳歌し、好きなお客様に役に立つことにやりがいを持ち、仕事もプライベートを楽しんでいるという言いわけで正当化していたわけです。

そんな現状から抜け出たいと潜在的に渇望していたのだと思います。知らず知らず大きなストレスを溜め、酒に呑まれた言いわけの日々を過ごしていました。そして、お客様のため、会社のため、そして自分のためによかれと思ってとった行動が、23年間も勤めたＩＢＭを辞める判断をする出来事につながりました。

脳と心の仕組みの学びから振り返ると、アメリカ転籍の最初の夢を実現したにもかかわらず、次の夢をあきらめる言いわけを見つけて燃え尽きていました。自分の人生に迷い悩んでいたのです。充実したプライベートを謳歌していましたが、実は過去に囚われた夢のない時間を長く過ごしていたのです。どこかで自分に言いわけをする自分を恥じていました。

そんな環境が、会社を辞めて新しいことに挑戦する機会を創造的に作ったと考えられます。「言いわけをする日々は自分らしくない」と、どこかで自分を信じる力を鍛えられていたおかげでした。

突然のことで妻や家族には心配をかけましたが、どうにかなるだろうと信じて応援してくれた姿に支えられました。多くの夢を描き、やりたいことに夢中になれる日々を取り戻せたことを、心から感謝しています。

第５章
まとめ

・リフレクションとは、自分自身にリーダーシップを発揮する科学的な方法論。

・リフレクションとは、過去の振り返りや内省からは見えない、心から望む自分らしさを知ること。

・リフレクションとは、心から望む自分らしさを知り、ありのままの今を受け入れて、自分と仲間の可能性をつなげること。

さいごに

Don't Think, Feel……
It's like a finger pointing at the moon. Do not concentrate on the finger, or you will miss all of the heavenly glory.

——*Bruce Lee*

考えるな、感じろ。
それは月に向けた指のようだ。指を見ていては月の輝かしい栄光を見逃してしまう。

——ブルース・リー

みんなが笑顔で挑戦し応援し合う社会へ

この本を最後までお読みいただいてありがとうございました。

そして、おめでとうございます！

脳と心をよりよく使うリフレクションの本質を、科学的な理論に基づく根拠、数多くの実践事例、さまざまな問いから体感いただけたと思います。

この本との出会いが、あなたが自分の可能性と世界に挑戦する大きな力となることを心からうれしく思います。

この本を通じて、心の鏡に映る自分自身を知る、リフレクションの機会を提供しました。リフレクションの本質とは、自分自身を映す鏡を持ち「自分の可能性」を知ることです。今までもすぐ届くところにあったにもかかわらず、見ていないだけのあなたの可能性です。

自分の可能性を知るあなたは、あらゆる領域で多面的に現状を超えるビジョンを描かれていることでしょう。そして、現状を超えるビジョンを実現している自分こそ自分らしいと、心から望む自分らしさを持っています。

思い通りにはならないことや、想定を超えた大きな困難に直面しても、悩むことはあっても迷うことはありません。ありのままに受け止めて、今を生きています。自分と仲間の可能性をつなぎ、心から望む自分自身への挑戦に夢中で取り組まれているかと思います。

リフレクションを日々実践するあなたは、自らの学びを大切な仲間に広げています。自分の可能性を知るあなたは、仲間の可能性ももちろん知っています。そのため、仲間の挑戦を心から応援しています。ドリームサポーターとして大切な仲間にかかわり、挑戦し応援し合う仲間を広げています。

自分の可能性を知るあなたを、心から望む自分に挑戦するあなたを、心から望む自分こそ自分らしいと思うあなたを、覚悟を持って未来を決めて今を生きるあなたを、仲間の1人として心から応援しています。

あなたのような仲間が世界中に広がる「みんなが笑顔で挑戦し応援し合う社会」に、役割を果たしたいと思います。その活動の一環としてこの本を書きました。

リフレクションというシンプルで本質的な取り組みが、自分自身をよく知って、自分の可能性を知る、心から望む自分を知る、今をありのままに受け入れる、自分と仲間の可能性をつなぐ、心から望む自分になることにお役に立てると確信しています。そして、あなたのようなリフレクションを実践する仲間が、実践による確信を持って仲間につながる社会を夢見ています。

リフレクションを実践するコミュニティにご興味があれば、ぜひ公式ＬＩＮＥにてご連絡ください。

「リフレクションの技術」
公式LINE

また、リフレクションを組織に導入して、自分自身と仲間にリーダーシップを発揮する組織文化を築く活動を、日本語、英語で展開しています。

・デジタル名刺：hn@global-challenger.com
・HP：linko.page/reflectors

私の気づき

見ている未来／Vision

みんなが笑顔で、挑戦し、応援し合うよりよい社会

使命／Mission

心から応援する仲間をつなぎ、
仲間との喜びのために生きる

価値観／Values

・とにかく笑ってリラックス
・仲間との成果が自分の生きる価値
・覚悟を持って未来を決める
・ありのままに感謝する
・自分と仲間の可能性をつなぐ
・今を生きる、今を輝く

お礼

この本を書くことを通じて、私の長年の夢が1つ叶いました。

私自身が本を書きたいと思ったきっかけは、2008年のベストセラー『「先読み力」で人を動かす』の著者で日本IBM同期の村中剛志さんの言葉でした。ベストセラー作家だと知って驚き、どうすれば本が書けるのかと聞いたときに、村中さんが伝えてくれた言葉です。

「何も特別なことは書いていない。結果を出している人なら当たり前のようにやっていることを整理してブログにまとめただけ。それがたまたま出版社の編集者の目に止まった。自分の当たり前の中に、多くの人にとって価値のあるコンテンツがある。誰でも本になるコンテンツは持っている。誰でも本を書ける」

サラリーマンが本を書くなんて考えたことがなかった私にとって、衝撃的な発見でした。彼の言葉が、完全に盲点にしていた「自分の可能性」を気づかせてくれました。そして、その場で本を書く自分の未来を決めました。

アメリカでの快適な生活を言いわけに自分の可能性を見失う時期があり、本を書くと決めてから実現までに14年もの時間がかかりました。しかし、今回ついにその夢を実現できたことを心から感謝しています。そしてまた、偶然にも『「先読み力」で人を動かす』と同じ、日本実業出版社での出版となったことにご縁を感じます。山口拓朗さんのライティング・サロン主催の出版企画イベントで、私の企画に興味を持ち出版までの長い道のりを伴走していただいた担当編集者さん、出版を支えていただいたみなさまに心から感謝申し上げます。

出会ったときからあらゆる形で惜しみない支援をいただいているトッド・カートリーさんには、感謝は言葉だけでは表せません。トッドさんからの学びを私なりに広めることを、今後も続けていきます。これからも末永くご指導をよろしくお願いいたします。

推薦のお言葉をいただいた坪田國矢さんには、IBM本社に転籍するキャリアの大きな分岐点に続いて、今回も励ましの言葉や書籍の内容への適切なアドバイスを頂戴しました。いつも多大なるご支援をありがとうございます。

新人営業の私を育てていただいた山下利夫さんや樋口英雄さんをはじめとするお客様のみなさま、日本や米国ＩＢＭの先輩や同僚のみなさま、大変お世話になりありがとうございます。みなさまのご指導のおかげで今の私がいます。そしてこの本にもつながりました。これからも心から望む自分への挑戦を続けます。引き続きご指導をよろしくお願いいたします。

Global Challengerの仲間や、私のコグニティブ・リーダーシップ・プログラムを受講していただいたみなさんとのご縁がなければ、この本は存在しませんでした。みなさんとの1つ1つのつながりが、私にとって深い学びになりました。貴重なご縁に心から感謝しています。また、実践事例として共有していただいた成果には心から勇気づけられました。ありがとうございます。

21世紀的対機説法に取り組む仲間である大谷具烟さん、平原憲道さん、仏教哲学と認知科学の学びを深める機会をありがうございます。お2人との鼎談の学びを、この本にリフレクションしました。この本は、仏教の教えを広める1つの方便だと考えています。僧侶見習いの1人してさらに学びを深め、役割を果たせるように精進します。

父や叔父のエピソードを本に書けて幸せです。生まれてから今まで、父や母や親戚縁者とのつながりに大きな影響を受けて育ちました。先祖からつながるご縁に心から感謝しています。この世に命をつないでくださってありがとうございます。

さいごに、望んでもいないのにアメリカまで連れて来られ、シカゴからロサンゼルス、そしてダラスまで転々と引っ越しにつき合い、サラリーマンを突然辞めて無職。よくわからないコーチングを仕事にしてみたり、お坊さんになろうとしたり、本を書いてみたり。いつでもどこでも、好き勝手に独りよがりな私を忍耐強く見守ってくれる妻・晶子と子どもたち、大朗と花菜子には迷惑と心配をかけてばっかりです。これからもあきれることなく、あきらめることなく、見守って応援してもらえるとうれしいです。私を映す鏡となる家族の叱咤激励が、自我に執着する自分に気づく機会になります。心から望む自分らしくなろうとする力になります。家族の心からの安心と安全を守る自分をリフレクションしています。これからも末永くよろしくお願いします。愛しています。

2023年3月　西原大貴

まとめ

自分自身と仲間にリーダーシップを発揮する原理原則

心から望む自分を知り、
ありのままの今を生きて、
自分と仲間の可能性をつなぐ。

①脳と心の使い方がすべて

自分を知り、脳と心の仕組みを知ると、脳と心の使い方が変わる。脳と心の使い方が変わると、思考が変わる。行動が変わる。結果が変わる。人生が変わる。脳と心の使い方がすべて。

②人は見たいものしか見ない。現状を超えた視界の可能性を知る

脳はわずか0・1％にも満たない情報しか見えていない。見ていないだけの99・9％以上の視界に可能性がある。現状の外にある、見失っている視界にある自分の可能性を知る。

③心から望むことに多面的に取り組む。大切なことを犠牲にしない

誰かにやらされていること、やるべきことと思い込んでいることから自由になる。大切なことをすべて大切にする。脳は無意識を含めて超並列にマルチタスク。大切なことは1つも犠牲にしない。今は見失っている視界に手段はすでにある。自分にとって大切なことすべてを多面的に描く。

④仲間との成果が自分の生きる価値

すべての存在は関係性によって成り立つ。自分は自分の世界にあるすべての関係性をつなげる結び目。自分と自分の存在を定義する仲間とは一体である。独りよがりな行動は成果につながらない。仲間との成果につながる行動を選ぶ。

⑤抽象度と視座を高める

抽象度を上げると視座が上がる。低い視座では見失っている自分の可能性が、高い視座からは見える。高い視座から見える自分の可能性を知る。視座を高く自分自身にリーダーシップを発揮するから、大切な仲間へのリーダーシップを発揮できる。

⑥ 未来を決めて今を生きる

文字通りに、時間は未だに来ない未来から過去に過ぎ去る。選んだ未来が原因となり、今ある結果につながっている。過去からの積み上げではない自分の可能性を決める。覚悟を持って未来を決めて、今を生きる。

⑦ 心から望む自分らしさを選ぶ

脳は無意識に自分らしさを選ぶ。脳は選んだ自分らしさを守り固執する。変化を嫌い、現状を肯定し、正当化する脳の特性を知り、心から望む自分らしさを意識的に選ぶ。心から望む自分らしさの臨場感が高まると、限られた視界で選んだ無意識の自分らしさから自由になれる。誰かにやらされていること、思い込みのやるべきことから自由になる。

⑧ ありのままの自分を受け入れる

判断や感情を止めて今の自分をニュートラルに受け入れる。自信過剰でも自虐過剰でもなく、目的に向かう現在地を正確に知ることに意味がある。無意識の心の声（セルフトーク）は、今の自分らしさをありのままに映し出す。無意識の心の声は、意識的に自分らしさを知り導く羅針盤となる。

⑨ 無意識に意識的に介入する

95%以上の行動は無意識。無意識の自分らしさが自動的に行動として反映される。自分の無意識を意識的に観察し、無意識に意識的に介入する。Circles of Vision を実現している本来の自分らしさにかかわることに意識を向ける。意識を向けると力が生まれる。

⑩ ご縁に気づき、コネクションを築く

すべての存在は関係性によって成り立つ。すでにある関係性に気づく、役立つ、つなげる、信じる、報いる。自分と仲間のVisionのために役割を果たし、コネクションを築く。

⑪ よく寝てよく笑う

脳は身体の一部。身体が元気だから脳も元気になる。しっかり休んで睡眠を取る。笑顔は脳と体を元気にする。笑顔は伝染する。笑顔になる、笑顔を見る、笑顔を広げる。

⑫ 感性は論理を超える

感性は論理を超えた情報を処理する。感性を高めると見失っている情報を掴める。考えない、感じる。それは月を指差すようなもの。指を見ては月の素晴らしさは掴めない。

参考文献

- インナーゲーム（W.T. ガルウェイ・著、後藤新弥・訳／日刊スポーツ出版社）
- 残り97%の脳の使い方（苫米地英人・著／フォレスト出版）
- コンフォートゾーンの作り方（苫米地英人・著／フォレスト出版）
- オーセンティック・コーチング（苫米地英人・著／サイゾー）
- アファメーション（ルー・タイス・著、苫米地英人・監、田口未和・訳／フォレスト出版）
- マインドの教科書（田島大輔・著、苫米地英人・監／開拓社）
- フィードフォワード（久野和禎・著／フォレスト出版）
- 自分の小さな「箱」から脱出する方法
（アービンジャー インスティチュート・監、金森重樹、冨永星・著／大和書房）
- アルケミスト 夢を旅した少年（パウロ・コエーリョ・著、山川紘矢、山川亜希子・訳／角川文庫）
- サーチ・インサイド・ユアセルフ（チャディー・メン・タン・著、ダニエル・ゴールマン・著、一般社団法人マインドフルリーダーシップインスティテュート・監、柴田裕之・訳／英治出版）
- ファスト&スロー（ダニエル カーネマン・著、村井章子・訳／早川書房）
- 自分を知り、自分を変える（ティモシー・ウィルソン・著、村田光二・訳／新曜社）
- スイッチ！（チップ・ハース、ダン・ハース・著、千葉敏生・訳／早川書房）

- あなたの知らない脳　意識は傍観者である（デイヴィッド・イーグルマン・著、大田直子・訳／早川書房）
- 予想どおりに不合理　行動経済学が明かす「あなたがそれを選ぶわけ」
（ダン・アリエリー・著、熊谷淳子・訳／早川書房）
- トヨタ生産方式（大野耐一・著／ダイヤモンド社）
- ザ・ゴール（エリヤフ・ゴールドラット・著、三本木亮・訳／ダイヤモンド社）
- 10年前の君へ　筋ジストロフィーと生きる（小澤綾子・著／百年書房）
- リフレクション（REFLECTION）自分とチームの成長を加速させる内省の技術
（熊平美香・著／ディスカヴァー・トゥエンティワン）
- ローマ人の物語（塩野七生・著／新潮社）
- 時間とムダの科学（大前研一・著／プレジデント社）
- 本物の真髄　自然体のパティシエ　西原金蔵（高久多美男・著／三友学園出版部）
- 美しい生き方が、ここにあります。（高久多美男・著／フーガブックス）
- 世界は「関係」でできている　美しくも過激な量子論（カルロ・ロヴェッリ・著、冨永星・訳／ＮＨＫ出版）
- 時間は存在しない（カルロ・ロヴェッリ・著、冨永星・訳／ＮＨＫ出版）
- Personal Coaching for Results（Lou Tice）
- The Source（Tara Swart, MD, PhD）
- The Art o f Happiness: A Handbook for Living（Dalai Lama）

カバーデザイン　井上新八
本文デザイン　浅井寛子
日本音楽著作権協会（出）許諾　第2301751-301号

西原大貴（にしはら　ひろき）
リーダーシップ・コーチ、リフレクター、2023年に浄土真宗 本願寺で得度を予定。Mononofu LLC Owner。SCデジタルメディア株式会社 エグゼクティブ・コーチ。コシキ・バリューハブ株式会社 未来デザイン研究所プリンシパル・コーチ。株式会社 安田 顧問。Rakugo Association of America 理事。「脳と心」をよりよく使うリフレクションの実践により、運だけで辛うじて入社できた日本 IBM の落ちこぼれ社員から、米IBM本社のグローバル・リーダーへ自己変革を遂げた経験を持つ。日本と米国IBMでの自己変革の経験、認知科学と最先端のコーチング理論、そして仏教哲学の学びを基に独自の「コグニティブ・リーダーシップ・プログラム」を開発し展開中。リーダーや組織が本来のパフォーマンスを発揮することを支える。また、リーダーシップ・コミュニティー「Global Challenger のすすめ」を主宰。IBM Corporation、日本IBM、トヨタ、PWC、Cisco、富士通、マイクロソフト、パナソニック、SMBC、五鈴精工硝子、GVT、本願寺などの組織から参加する 100 名規模のコミュニティーで、自分自身と仲間にリーダーシップを発揮して、笑顔で挑戦し応援しあう社会を作る仲間を広げている。京都生まれ京都育ち。米国に移住して 14 年目。シカゴ、ロサンゼルスを経て現在はダラス近郊に在住。晶子（アキコ）の夫。大朗（タロウ）15 歳と花菜子（ハナコ）11 歳の父。立命館大学 経営学部卒業、Bond-BBT MBA 中退、MBA Executive Leadership Programs（Harvard, Boston, MIT）修了、米国認知科学会員、日本認知科学会員。

「自分《じぶん》の可能性《かのうせい》」を広《ひろ》げる リフレクションの技術《ぎじゅつ》

2023年4月1日　初版発行

著　者　西原大貴
発行者　杉本淳一

発行所　株式会社日本実業出版社　東京都新宿区市谷本村町3-29　〒162-0845
編集部　☎03-3268-5651
営業部　☎03-3268-5161　振　替　00170-1-25349
https://www.njg.co.jp/

印刷／厚徳社　製本／共栄社

ISBN 978-4-534-06002-0　Printed in JAPAN